学有用知识，习真实本领。

——致求学者的赠言

青年大学生们

你，想要什么样的未来？

大学生活又该如何度过？

今天的你应该为明天准备些什么？

通过本丛书的学习与训练，能够帮助你找到答案

使你的大学生活充满活力、富有激情、收获希望！

大学生职业发展与就业指导丛书

# 大学生自主创业指导

主　编　李鹏祥
副主编　陆金芳
参　编　李俊飞
　　　　吴进华
　　　　臧玉元

## 内 容 简 介

本教材借鉴和吸收了国内外大学生创业教育和创业指导的新经验、新成果，采用模块式、项目化、任务化的全新编写方式，以培养学生创业能力为核心，以工作任务分析为基础，以自主创业为主题，以案例（情境）为驱动，向学生传授自主创业的显性知识与默会知识、必备知识与拓展知识、理论知识与实践知识，对毕业生的创业过程进行系统指导，突出实用性、针对性和可操作性。全书内容在启发创业意识、策划创业方案、模拟创业实战的模块框架下，有解读创业内涵、剖析创业环境、明晰创业条件、捕捉创业机会、设计创业计划、评估创业风险、组建创业团队、培育企业文化、谋划前期准备、完善中期环节、运筹后期经营等学习与训练项目，引导在校大学生增强创业意识，把握创业机会，提升创业能力。

本教材适用于高职高专大学生使用，也可作为普通高校、中等职业学校学生的教材，对从事大学生创业指导的教师和有关人员也具有较高的参考价值。

**图书在版编目（CIP）数据**

大学生自主创业指导/李鹏祥主编．—北京：北京大学出版社，2011.8
(大学生职业发展与就业指导丛书)

ISBN 978-7-301-19094-4

Ⅰ.①大…　Ⅱ.①李…　Ⅲ.①大学生—职业选择—高等职业教育—教材
Ⅳ.①G647.38

中国版本图书馆 CIP 数据核字（2011）第 119224 号

**书　　　名**：大学生自主创业指导
**著作责任者**：李鹏祥　主编
**策 划 编 辑**：胡伟晔
**责 任 编 辑**：胡伟晔　孙桂娟
**标 准 书 号**：ISBN 978-7-301-19094-4/G·3180
**出　版　者**：北京大学出版社
**地　　　址**：北京市海淀区成府路 205 号　100871
**网　　　址**：http: //www. pup. cn
**电　　　话**：邮购部 62752015　发行部 62750672　编辑部 62765126　出版部 62754962
**电 子 信 箱**：zyjy@pup. cn
**印　刷　者**：三河市博文印刷有限公司
**发　行　者**：北京大学出版社
**经　销　者**：新华书店
787 毫米×1092 毫米　16 开本　9.25 印张　224 千字
2011 年 8 月第 1 版　2015年 9月第 5 次印刷
**定　　　价**：18.00 元

---

# 《大学生职业发展与就业指导丛书》编纂委员会名单

主　　审　陆建洪

丛书主编　赵驰轩　沈巧明　薛立华

丛书副主编　汤建彬　陆庆生　李鹏祥

参　　编　葛鑫伟　曹建斌　陆金芳
　　　　　张　黎　万昌烨　李时颖
　　　　　蔡达君　于佳丽　赵俊韬
　　　　　李俊飞　吴进华　臧玉元

# 序

就业是民生之本，大学生就业工作关系到每年数百万毕业生的生活和前途，牵动着数千万在校大学生的思想和心态，关系着成千上万家庭的幸福与和谐，寄托着无数家长的希望和祈盼。大学生是国家宝贵的人才资源，是现代化建设的重要生力军。做好大学生就业工作，是促进经济发展和社会和谐的重要举措，是新的历史条件下高等教育改革发展、提高质量和办好让人民满意的教育的必然要求。

2011 年 5 月 31 日国务院在《关于进一步做好普通高等学校毕业生就业工作的通知》中强调：各高校要全面开展职业发展指导和就业创业教育，将就业指导课程纳入教学计划，建立贯穿于整个大学教育期间的职业发展和就业指导课程体系，帮助大学生树立正确的成才和就业观念。由长期在一线从事大学生毕业就业工作的赵驰轩、沈巧明、薛立华等同志主编的《大学生职业发展与就业指导丛书》，对于提高大学生就业能力、创业能力，实现从学生到职业人的转变，为大学生职业生涯导航将提供有益的帮助。

《大学生职业发展与就业指导丛书》，作为大学生素质教育系列教材之一，它以培养学生的创新精神、创新能力和实践能力为重点，把职业教育、就业教育、创业教育和专业教育相融合，创造性地全面实施大学生素质教育。既强调职业在人生发展中的重要地位，又关注学生的全面发展。激发大学生职业生涯发展的自主意识，树立正确的就业观，促使大学生理性地规划自身未来的发展，并努力在学习过程中自觉地提高就业、创业能力和生涯管理能力。把大学生职业发展与就业指导融合于一体，贯穿于高职院校大学生学习生活的全过程，是一个全新的课题，采用模块式项目课程“序化、简化、例化”的全新的编写方法，是一种创新，是一次积极的探索与尝试。

《大学生职业发展与就业指导丛书》借鉴了国际先进的职业指导理论，同时也坚持了我国大学生就业指导的特色，吸纳了在实践中摸索出来的成功做法与成果。相信本书的出版，一定能够给高职院校大学生职业发展与就业指导工作者以理论上的启迪，给广大大学生走上职业之路以实践上的指导。职业发展与就业指导需要不断创新，不断改进，我们希望在这个成果基础上，再发展，再创新，更好地为大学生就业服务。

陆建洪　　教授　博士生导师

苏州经贸职业技术学院　院长

# 前　言

本教材借鉴和吸收了国内外大学生创业教育和创业指导的新经验和新成果，采用模块式、项目化、任务化的全新编写方式，对毕业生的创业过程进行系统指导，突出实用性、针对性和可操作性。本教材内容由三大模块11个项目组成，以培养学生创业能力为核心，以工作任务分析为基础，以自主创业为主题，以案例（情境）为驱动，向学生传授自主创业的显性知识与默会知识、必备知识与拓展知识、理论知识与实践知识；着力培养学生创业意识，学会捕捉创业机会，提高自主创业能力，帮助学生在自主创业中实现自我价值。

教材在编写过程中得到了李冬、李良、徐进、沈良生、李巍、蒋建强、周晓平、范正宇、姚涓、杨频、陈福明、李国平的悉心指导与关心帮助。本教材由教授、博士生导师、苏州经贸职业技术学院院长陆建洪主审，李俊飞、吴进华、臧玉元等参编。在此，对所有给予编著本教材以指导、关心、支持和帮助的，以及付出辛勤劳动的领导、学者、同人们表示由衷的感谢。

本书适用于高职高专毕业生使用，也可作为普通高校、中等职业学校毕业生的教材。对从事大学生创业指导的教师和有关人员也具有较高的参考价值。由于时间仓促，笔者水平有限，定有不足之处，敬请多提宝贵意见或建议。

编　者

2011年7月

# 目　录

# 模块一 启发创业意识

## 项目一

### 解读创业内涵

**学习目标**

通过本项目的学习与训练，使学生了解创业的内涵和基本概念，认清创业教育的本质，深刻理解创业者应该具备的基本素质，强化学生对自主创业知识的理解，提高学生自觉培养自主创业能力的意识和习惯，为潜在的自主创业奠定基础。

**技能（知识）点**

1. 创业的基本概念
2. 创业者的基本素质
3. 认识创业的动机

引导案例1

比尔·盖茨出生于华盛顿州西雅图市，少年时代盖茨的父母便将他送进管教严格的西雅图湖滨私立中学（Lakeside）就读，也就是在这里盖茨发现了一生事业的重心——电脑，也遇见了未来的工作伙伴保罗·艾伦。

盖茨进入湖滨中学之后迷上了电脑，从此就无心上其他课，每天都泡在计算机中心。从8年级开始，盖茨便利用闲暇时间和同学一起帮人设计简单的电脑程序，以此赚取零用钱。根据盖茨自己陈述："我在13岁时就写了我的第一个软件程序，我拿它来玩井字游戏。当时我所用的电脑体积庞大、笨重、速度缓慢而且相当'不听话'。"盖茨的好朋友保罗·艾伦（后来和盖茨一起创立了微软公司）回忆说："我们当时经常一直干到三更半夜，我们爱死了电脑软件的工作，那时候我们玩得真开心。"

盖茨说："那时候，保罗常常把我从垃圾桶上拉起来，而我却继续趴在那里不肯起来，因为在那里我找到一些上面还沾着咖啡渣的程序设计师的笔记或字条，然后我们一起对着这些宝贵的资料研究操作系统。"

**案例解析：**盖茨和微软，创造了20世纪最美丽的神话，吹响了信息经济时代最嘹亮的号角，尽管在这个过程中充满了掠夺和不平等的残酷竞争。盖茨是魔鬼，还是天使，微软是新科技的缔造者，还是商业规则的破坏者，现在还没有谁能下一个公正的结论，但有一点是毋庸置疑的：盖茨不是靠幸运取得成功的，微软也不是建立在偶然基础上的软件帝国，盖茨是电脑天才，但更是一个经营和管理天才，他在微软的创立和成长壮大中付出的心血和汗水，他非凡的事业心和进取心，他高瞻远瞩的眼光和异常敏锐的市场嗅觉，是任何一个人都无法超越的。盖茨和微软，都将是永远的……这一切，都是永远不可磨灭的创业者辉煌。

相关知识

## 一、创业的基本概念

"创业"一词，在《新华字典》里定义为开创事业。在现实生活中，创业是指某个人或一个团队利用某种信息、技术、资源或机会，依靠组织的力量去寻找机遇，实现创造价值和谋求发展的过程。广义的创业是指创业者的各项创业实践活动，其功能指向是成就国家、集体和群体的大业。狭义的创业是指创业者的生产经营活动，主要是开创个体和家庭的小业。乔布斯创办美国苹果公司、张朝阳创建搜狐网站、张近东创立苏宁电器公司，都属于狭义上的创业。

一般来讲，创业是一个创造、增长财富的动态过程，是一个发现和捕获机会并由此创造出新颖的产品或服务并实现其潜在价值的过程。创业的过程具有新颖、创新、灵活、风险等特点，其中发现并把握机遇是创业过程的重要特征。对于一个真正的创业者，创业过程不但充满了激情、艰辛、挫折、忧虑、痛苦和徘徊，而且还需要付出坚持不懈的努力，当然，渐进的成功也将带来无穷的欢乐与分享不尽的幸福。

## 二、创业者的基本素质

哈佛大学拉克教授讲过这样一段话："创业对大多数人而言是一件极具诱惑的事，同时也是一件极具挑战的事。不是人人都能成功，也并非想象中那么困难。但任何一个梦想成功的人，倘若他知道创业需要策划、技术及创意的观念，那么成功已离他不远了。"作为一个创业开拓者，必须具有优良的道德品德、坚韧不屈的精神、坚定不移的信念、必胜的信心、巨大的魄力、充沛的精力、丰富的经验、渊博的知识、优异的才能等素质特征。但是，所有的创业者都必须具备以下四种基本素质。

1. 心理素质。所谓心理素质是指创业者的心理条件，包括自我意识、性格、气质、兴趣、情感等心理构成要素。作为创业者，他的自我意识特征应为自信和自主；他的性格应刚强、坚持、果断和开朗；他的情感应更富有理性色彩。成功的创业者大多是不以物喜，不以己悲。

2. 身体素质。所谓身体素质是指身体健康、体力充沛、精力旺盛、思路敏捷。现代小企业的创业与经营是艰苦而复杂的，创业者工作繁忙、时间长、压力大，如果身体不佳，必然力不从心，难以承受创业重任。

3. 知识素质。创业者的知识素质对创业起着举足轻重的作用。创业者要进行创造性思维，要作出正确决策，必须掌握广博知识，具有一专多能的知识结构。例如，能够用法律维护自己的合法权益；了解科学的经营管理知识和方法，提高管理水平；掌握与本行业、本企业相关的科学技术知识，依靠科技进步增强竞争能力；具备市场经济方面的知识，如财务会计、市场营销、国际贸易、国际金融等。

4. 能力素质。创业者至少应具有如下能力：创新能力、分析决策能力、预见能力、应变能力、用人能力、组织协调能力、社交能力、激励能力。当然，这并不是要求创业者必须完全具备这些素质才能去创业，但创业者本人要有不断提高自身素质的自觉性和实际行动。要想成为一个成功的创业者，就要做一个终身学习者和改造自我者。

**案例** 山东畜牧兽医职业学院2006届毕业生、潍坊市康达特药业有限公司总经理孙炳权来母校招聘，在招聘要求中的“其他”一栏，孙炳权认真地写上了“人品好，责任心强，积极认真，踏实肯干”。而这“其他”一栏，很多单位基本不填。2006年毕业后，孙炳权就职于一家大型企业。半年后，被提拔为采购部经理。与此同时，他还兼任很大一部分贸易销售工作，为公司创造了很多效益。后来公司准备上市，而贸易量比重过大，会影响企业上市。公司只好忍痛割爱，决定裁掉孙炳权等人的贸易业务。这成了孙炳权转变命运的机会。2009年3月，孙炳权辞职后找了3位合作股东，投资50万元创办了康达药业有限公司并任总经理，主营兽药原料销售。孙炳权说，“康达特”（Conduct，品行）的谐音，取义“品行、品质”，他坚守“做人讲品行，服务讲品质”的理念，开始了创业之路。

2009年六七月份整个行业市场低迷。孙炳权依靠在原公司工作时讲诚信、重人品的品质以及与客户的良好关系，很多供应商允许孙炳权先从供应商手中进货，一个月内收回成本后补上货款。但由于行业低迷，市场需求减少，商品价格迅速下降，不少销售商都吃了苦头。孙炳权决定以低于市场价的价格快速甩货，尽快收回资金，按协议期限给供应商补上货款。在孙炳权代理的一百多个品种的产品中，仅一个亏损比较严重的品种就赔了六七万元。这对于只有50万元注册资金的孙炳权来说，是一个非常沉重的打击。但孙炳权保住了自己的信誉，也保住了这家以人品作担保的企业。

随着市场需求的恢复，孙炳权的企业起死回生，当年完成销售额1 000多万元，2010年的销售额已近3 000万元，公司资产大幅度增长，并荣获母校颁发的创业明星校友奖章。回想起近两年的创业经历，孙炳权深有感触地说：“能走到现在这一步，靠的不是雄厚的资金，而是自己的人品和责任心。”

**案例** 霍英东出身寒微，年少时，做过六七种繁重的体力活，最后发现最适合他的工作是当老板，于是他开了一家杂货店。1945 年日本投降后，英文版《宪报》上刊登了不少拍卖战时剩余物资的通告，霍英东一眼就看出其中的商机，用借来的 100 港元，一转手就赚了 2.2 万港元，从身无分文一跃而成为小财主。为了改变生活境地，25 岁的霍英东抛妻别子，率领一百多人冒险到人迹罕至的荒岛采集“海人草”，在荒岛上度过了半年非人的原始生活，在一次台风中还命悬一线，跟随霍英东远征东沙的队伍因受不了那份苦中苦，半途而废，打道回府。然而，霍英东却继续不屈不挠地开拓。这段历险，足以让霍英东将人世间的一切苦难视为小菜一碟，后来霍英东闯入地产界，他率先利用宣传小册子及广告推销自己的楼宇，并天才地首创了分层分单元出售楼宇及预售楼花的经营方法，催发了整个香港地产业的勃兴。霍英东后来讲，自己一向喜欢接受挑战，最艰苦的事情，我一定要做好。

**启示**：从古至今，创业成功人士都具备一种独特的创业特征，他们通常会这样来思考问题和把握机会：①把商机作为奋斗目标，全力以赴；②对周围的变化保持警觉，有目标性地寻找新机会；③追求自我完善，把握商机；④灵活地采取应变式方式，走出最佳的商机开展途径；⑤有意地认准时机并准确利用；⑥有一定的沟通技巧与知识；⑦具有强烈的创新思维意识并运用于实践。

## 三、认识创业的动机

国外学者通过研究，发现创业的动机大体上可以归为以下 4 类：对成就的需要、对独立性的偏好、控制的欲望、改变家庭和个人的经济状况。大学生创业是适宜的创业环境与做好创业准备的大学生相结合的产物，但为什么会有大学生在本应认真学习的时候走上了创业的道路？他们的动机有一定的特殊性，归纳起来主要有以下 4 种类型。

### （一）生存的需要

首先，由于经济的原因，许多家庭越来越难以负担昂贵的学费，国家的助学贷款、奖学金制度也不能完全解决问题。在沉重的经济负担压力之下，为了顺利完成学业，这部分学生中的一部分人只好利用课余时间打工来维持正常的学习和生活。在打工的过程中有一部分具有创业素质的人会发现商机并且去把握它，开始走上了创业的道路。

其次，当前我国高校学生中城镇生源的学生 95%均是独生子女，培养他们的独立性已经成为当务之急。目前已经有一部分学生开始独立承担自己的学习、生活费用，在他们中也产生了一定数量的创业先行者。这部分创业者通常都以学习为主要目的，从事一些需要投入时间、精力较少的行业，对经济回报要求较低。

**案例**　刘鹏飞，江西宁都人，上大学前家庭经济拮据。2003 年，刘鹏飞考入九江学院商学院金融专业学习，在进入大学的第一天，他就告诉自己：“要努力学习，赚更多的钱，让家人过上好日子。”上大学时，父亲因病去世，哥哥和姐姐四处打工来供刘鹏飞上学。在大学期间，刘鹏飞就显露出经商创业的潜质。刚进学校的那年寒假，当同学们都在为买车票发愁的时候，刘鹏飞就联系一家运输公司，选择几个距离比较近、学生相对多的地方，包车回家。还有空座，他就去联系同学卖票，赚取差价。遇上学兄学姐要毕业了，刘鹏飞又买了一架 DV，帮他们拍摄毕业纪念录像，再制作成光盘卖出。除了这些，刘鹏飞还卖过运动鞋、推销过手机卡、送过外卖。毕业后，刘鹏飞带着简易的行囊和仅剩的 5

元钱踏上了开往义乌的火车。在义乌一家公司做外贸销售，一个月后，刘鹏飞却拿着1400元工资毅然辞职了，开始在网上创业售卖孔明灯业务，短短半年时间，销售额就达到了300多万元。

（二）积累的需要

按照美国耶鲁大学克雷顿·奥尔德弗（Clayton Alderfer）的ERG理论，人的核心需求分为生存（existence）、相互关系（relatedness）和成长（growth）。这三种需求并不一定按照严格的由低向高的顺序发展，可以越级。大学生随着年龄的增长，对于相互关系和成长的需要会逐渐强烈。许多大学生为了增加自己的实践经验，丰富自己的社会阅历，或者为了实现自己的某个目标做好经济上的准备，在条件成熟的情况下也会利用课余时间走上创业的道路。

**案例**　戴尔上中学时，还是个穷学生。他第一次做生意，是给报社卖报，他发现一个窍门：找新搬家的或新婚夫妇订报刊最容易成交。于是，他就到户政事务所等部门收集这方面情报，而后把报刊直接寄到这种人手里，于是订报单雪片般飞来。头一年，戴尔就赚了18万美元。1984年，戴尔开着中小学打工赚钱买的白色小汽车上大学了，但他此时装电脑的热情劲儿已超过了上学。下课后，他宿舍门口总是排满了来买他装的电脑的人。由于他丰富的电脑知识和敬业精神，他组装的电脑质量好，但更重要的原因是价格便宜。同样一台电脑，IBM当时卖2 000美元，他只卖700美元。因为IBM电脑最后售价中的2/3让中间商、代理商给赚走了。而这些中间商、代理商不专营电脑，更关注汽车、家电，无暇提高质量。戴尔受到了“直销”赚钱的鼓舞，于是在大学一年级就登记注册了“戴尔电脑公司”，全身心投入到自产自销电脑上。到今天它的年营业额已达到180亿美元，成为世界有名的跨国公司，进入了世界500强跨国公司。

（三）自我实现的需要

心理学研究表明：25～29岁是创造力最为活跃的时期，这个年龄段的青年正处于创造能力的觉醒时期，对创新充满了渴望和憧憬。他们思维活跃、创新意识强烈，同时所受的约束和束缚较少。另外，由于大学生所处的环境，他们往往更容易接触一些新的发明和学术上的新成果，或者他们中的一部分人本身拥有具有自主知识产权的科研成果。为了能早日实现自己成功的目标，他们选择了自主创业的道路。

**案例**　美国有个青年创业者协会，它的创始人是斯考特·戈博。5年前，戈博从纽约大学毕业，捧回一个电影学位以及因助学贷款欠下的数千美元债务。在母亲的苦劝下，他捏着银行账户里最后的700美元（约合4 640元人民币），咬咬牙，决定创业，成立一家名叫Sizzle It（字面意思“烧灼它”）的公司。戈博认真进行了市场评估与规划，降低了第一次开公司时过高的期望值，誓把这个专做推销的小公司好好做起来。公司开了才一年就盈利了，但27岁的戈博并没有成为百万富翁。他只是还清了此前欠下的所有债务，并搬离父母家，结束“啃老”历史。戈博认为，在现今失业率高的背景下，他的经历或许对不少失意的年轻人来说有启发作用。2010年10月，他成立了一个青年创业者协会，立志“结束简历打天下的时代，创造自己为自己提供工作的新潮流”。这个非营利性质的协会旨在为年轻创业者提供一个资源互助的平台，协会与《华尔街日报》、《美国运通公开论坛》等商业出版物以及数十个小商业网站合作，开辟专栏为新兴创业者传道解惑，取得良好的社会效应。

（四）就业的需要

当前，我国的大学生就业形势相当严峻，一方面表现为需求不足，另一方面表现为大学毕业生的整体工资待遇偏低。在这种情况之下，为了找到自己满意的工作，有许多大学生也开始了创业。

## 任务实施

我们常说：兴趣是最好的老师，这是说人们如果对一件事物产生了兴趣，就会调动自身的潜能、时间和精力去接触、去体验，不管遇到什么困难险阻，都会一如既往地进行下去。其实，这种精神状态就是创业者所必须具备的创业素质。因为兴趣的出现，你就无形中增加了一个成功的砝码，也可以说你在起跑阶段就占有了一定的优势。因为有了兴趣，所以创业中遇到的挫折就不再是挫折，痛苦也不再成为痛苦，这一切都成为追求兴趣路上的美好体验，成为一种享受。如果能把兴趣同创业目标结合，那将是快乐创业、快乐人生。

**人生格言**

如果没有对某一件事情充满激情，就不应该创业，绝对不要为了创业而创业。

——李开复（创新工场任董事长兼首席执行官）

创业一定要按兴趣去做，一定要干自己喜欢的。

——刘世平（吉贝克信息技术有限公司总裁）

**体验活动一　兴趣是创业的精神支柱**

**活动目的：**

根据自己的兴趣和爱好，有针对性地选择一个模拟创业项目，增强创业意识。

**活动实施：**

按照表1-1所示的表格中的例子，把自己认为最感兴趣的创业项目内容写在表格的左侧，然后在右侧将其扩充写成具体的创业备选项目。

**表1-1　兴趣—项目展开表**

| 我的兴趣是 | 按我的兴趣开的创业备选项目 |
| --- | --- |
| 钓鱼（例子） | 售卖鱼饵 |
| | 生产制作钓鱼工具 |
| | 开钓鱼器具店 |
| | 举办钓鱼学习培训班 |
| 我的兴趣1 | |
| | |
| | |
| | |

续表

| 我的兴趣是 | 按我的兴趣开的创业备选项目 |
|---|---|
| 我的兴趣 2 | |
| | |
| | |
| 我的兴趣 3 | |
| | |
| | |

**体验活动二　创业机会就在你的身边**

**活动目的：**

根据周围所在学校或社区的市场信息，并结合自己的实际调查，寻找一次创业的商机。

**活动实施：**

1. 反复观察所在学校或社区的整个环境、结构、布局、现状、联系、相关因素等每一个细节；

2. 每天走1～2趟，要求自己每次都有新的发现，要对商机的发现和项目的选择有帮助。比如，顾客的状况、竞争者的状况、公众的状况、街区环境的状况等，发现其中所蕴藏的商业机会。

3. 把发现的商机认真记录下来，找自己的同学和老师讨论，确定一个完整的创业思路。

**拓展知识**

## 一、创业教育的起源

世界范围内创业教育序幕的拉开可从1919年美国青年商业社开展业余的商业教育算起。在这将近90年的创业教育发展历程中，大致可划分为以下几个阶段：第一，在中学开展的商业教育（1919—1947年）；第二，在大学开展的正式的课程教育（1947—1967年），主要表现是将一门或数门创业教育的课程列入大学的教学计划之中；第三，大学中体系化的课程教育、专业教育与学位教育（1967—现在）。这三个阶段是创业教育由点到面的普及化与系统化的过程，也是一个由感性到理性的深化与升华的过程。

1983年美国奥斯汀得州大学举办的首届大学生创业竞赛（商业计划竞赛）拉开了大学生创业活动的帷幕。这项比赛的举办使高校开始认识到，创业教育既是一种教育理念，也是一种教育实践，并开始以战略性的创业教育理念指导具体的教育改革活动。此后，包括麻省理工学院、斯坦福大学等世界一流大学在内的十多所大学，每年都举办这一类的竞赛，并逐渐波及世界其他国家的大学。目前创业教育在美国已形成一个相当完备的体系，涵盖了从初中、高中、大学本科直到研究生的正规教育。美国的创业教育也一直是世界上其他国家积极效仿的典范，德国、英国、日本等国都提出，要吸收美国先进经验，鼓励大学毕业生创业。时至今日，发达国家已经形成了一套相对成熟的创业教育和创业支持体系，各国开展的创业教育实践通常包含着三层目标。第一层是通过学习了解创业（learn to understand entrepreneurship）；第二层是通过学习成为具有创业品质、精神和能力的人（learn to become an entrepreneurial）；第三层是通过学习成为经营企业的创业家（learn to become an entrepreneur）。

## 二、我国的创业教育

中国的大学生创业教育从1998年5月清华大学举办第一次创业计划大赛开始。

近年来，教育部积极推进大学生创业工作，选择清华大学、北京航空航天大学、黑龙江大学等9所高校开展创业教育试点工作，建设了三十多个创新创业人才培养实验区，在全国高校就业指导课程要求中把创业指导作为重点内容，开展了创业指导骨干教师培训等，初步形成了“政府促进创业、市场驱动创业、学校助推创业、社会扶持创业、个人自主创业”的生动局面。截至2010年，各级政府和高校为大学生设立创业资金达16亿元，建成创业实习或孵化基地两千多个。

2010年4月，教育部下发《关于大力推进高等学校创新创业教育和大学生自主创业工作的意见》，并专门成立“教育部高等学校创业教育指导委员会”，对统筹做好高校创新创业教育、创业基地建设和促进大学生自主创业工作进行了全面部署。同年6月，人力资源和社会保障部推出《大学生创业引领计划》，按照规定，今后凡有创业愿望并具备一定条件的大学生都可以得到创业培训，准备创业的大学生都可以得到创业指导服务。2010—2012年，3年引领45万名大学生实现创业，并在4个方面取得突破：一是通过开设创业教育课程，开展创业培训等活动，激发大学生创业潜质，提高他们的创业能力；二是全面落实注册资金分期到位、小额贷款贴息、税费减免等扶持政策；三是搞好创业咨询指导，开展形式多样的创业援助活动，建立完善大学生创业导师制度，组织一批有社会责任感的企业家和专业人士成立大学生创业导师团、专家志愿团，建立创业大学生俱乐部等；四是提供孵化服务，建立大学生创业孵化园，入园的大学生创业实体，除享受国家相关政策扶持外，可再给予一定期限的租金定额补贴。

但总体上看，我国的创业教育与西方发达国家还有不少差距。据清华大学创业中心的一项调查报告显示，在创业教育上，中国的平均水平低于全球创业观察（GEM）统计的平均水平。我国大学生创业比例不到毕业生总数的1%，而发达国家一般占20%～30%。

### 思考与训练

1. 创业能力测试。

本测试主要评估以下8个方面的能力：A. 创新能力；B. 分析决策能力；C. 预见能力；D. 应变能力；E. 组织协调能力；F. 社交能力；G. 激励能力；H. 学习能力。

请根据自己的实际情况对以下测试内容作出判断，在各观点后的（　）内画“√”或“×”。

（1）经常听到别人评价你的想法出乎意料。（　）

（2）对于别人的想法总是抱有怀疑态度，习惯先用自己的思路思考问题。（　）

（3）一个有新意的产品广告或是一个创新的推广活动总能吸引你的视线。（　）

(4) 经常认为一个问题的答案不止一个，通常想用两个以上的答案来权衡哪个答案更好。 ( )

(5) 认为“循规蹈矩”这个词不在人生的词典里。 ( )

(6) 去旅游之前，通常习惯把旅游计划制订得十分详细，连什么时间住哪个旅馆都计划在内。 ( )

(7) 你对自己的优点和缺点很了解，知道怎样扬长避短。 ( )

(8) 遇到紧急情况时，虽然刚开始会有点慌张，但在很短的时间内能冷静下来思考问题。 ( )

(9) 自己喜欢的衣服，即使别人说很不好看，你也会继续穿。 ( )

(10) 当你遇到事情一筹莫展时，有一个办法具有一定的风险，但你仍然会采用该办法。 ( )

(11) 你经常能在大局中看出别人难以看到的细节。 ( )

(12) 由于紧急情况，晚上要去见一个客户，你能在当天立即预订附近的宾馆，并预计到可能会没有车回去，或者由于疲劳不能开车回去。 ( )

(13) 对信用卡用了多少钱心中有数，很少有支付不起而要借钱的现象发生。 ( )

(14) 对你的知己5年后将处于什么位置有一定的判断。 ( )

(15) 你能从国家政策的改变，判断未来的经济形势。 ( )

(16) 在公众场合发言时，有人站出来反驳你，你通过短暂的思考便能用得体的语言进行回应。 ( )

(17) 不同意“人生在世，最好顺应环境，因为人很难改变命运”这种看法。 ( )

(18) 在紧急情况下，想到的是寻求别人的帮助。 ( )

(19) 在旅馆里，你会整齐有序地把衣服和随身用品按使用习惯摆放出来，而不是杂乱地塞在旅行包里。 ( )

(20) 对感兴趣的新闻，你会分析其背后的原因。 ( )

(21) 认为自己一个人独立生活的能力很强。 ( )

(22) 很少有不知道该让谁做一件事的情况。 ( )

(23) 同伴间的争吵很容易被你化解。 ( )

(24) 你会把一项工作分配到具体的人，并安排具体的时间。 ( )

(25) 每到一个地方，只要有时间就会邀约附近的朋友出来喝茶聊天。 ( )

(26) 虽然有些人很不讨人喜欢，但你仍然能做到以礼相待，与其保持正常的礼节性交往。 ( )

(27) 利用聚会的机会，你会有和其他人结识的意愿，并交很多新朋友。 ( )

(28) 你交朋友不会受年龄限制，往往有比你大很多或小很多的人成为你的朋友。 ( )

(29) 发现别人的观点不是很准确的时候，你会巧妙、温和地引导他们向自己认为正确的观点靠拢。 ( )

(30) 对于一件事的结果，无论好坏，你通常会先鼓励或安抚责任人，而不是先评判责任人这件事做得是对还是错。 ( )

(31) 关注员工的兴趣爱好，善于利用非金钱的激励手段。 ( )

(32) 下属犯错后你不会当众批评他，尽量找机会私下和他说明白。 ( )

(33) 能将想要达到的业绩结果和激励方式紧密结合。 ( )

(34) 由于事情十分紧迫，对于不明事理的员工，只能采取严厉的措施逼迫其执行。 ( )

(35) 阅读是你的兴趣爱好。 ( )

(36) 你每个月至少阅读一本书。 ( )

(37) 你喜欢和其他公司的人聊天，看看其他公司是怎样运作的。 ( )

计分方法：打“√”得1分，打“×”不得分。

得分≥30分，创业综合素质极高；23分≤得分<30分，创业综合素质良好；得分<23分，请思考你在哪些方面较为欠缺。

2. 你会选择创业吗？选择的理由是什么？不选择的原因是什么？请把你的想法和同学进行交流。

3. 邀请成功创业者和知名企业家举行一次讲座，并组织学生现场交流讨论，形成班级学生对创业整体过程的了解、创业经历的艰辛与所面临挑战的清醒认识，有助于让大学生了解创业者应该具备的素质，提高了解市场、发现和捕捉市场机会的能力。

4. 根据以下案例，结合自己对创业内涵的学习和理解，写出一份心得体会。

**案例**

### 大学生创办砍价公司

“他的创业项目很有意思也很时尚，因此受到大家的欢迎。”这是鲁东大学学生对于李琦创业项目的描述。原来，该校外国语学院06级的李琦创业项目就是替学校的同学与商家砍价，既可以让同学们买到物美价廉的商品，又可以帮助商家薄利多销开拓高校市场。正是看准商机存在，李琦在学校实现了创业的梦想。

李琦公司的业务比较“简单”，就是为在校大学生提供消费优质服务。说起创建公司的设想，还源于李琦一次偶然逛街时的突发奇想。一次到三站家电市场购买MP3新产品，商家开口要价490元，在经过一番讨价还价后，李琦花了350元就买到了心仪产品。“如果能有个组织为同学们提供消费打折的优质服务，岂不节省了大学生很多时间？”李琦自言自语。有了念头后说干就干。

李琦花了半年左右的时间对学校周边市场以及同学们常去的三站等地方进行了认真的市场调研，同时在同学们中开展问卷调查。在大量实地考察的基础上，李琦最终走上了自己的创业之路。每天课余时间，李琦便和公司成员在校园的每一处宣传自己的砍价业务，努力发展会员。经过四个多月的艰苦奋斗后，公司会员终于达到了1000人。如今，公司固定资产有12万元，会员近万人，合作商家近百家，已经初具规模。在不到一年的时间内，创造了十余万元的利润。

(摘自2009年10月07日《中国教育报》)

# 项目二

## 剖析创业环境

**学习目标**

通过本项目的学习与训练，使学生了解创业环境剖析的基本内容，了解创业环境剖析中信息收集的方法，掌握创业环境剖析的方法，帮助大学生从客观实际出发，正确使用SWOT等分析方法对创业进行外部和内部环境剖析。

**技能（知识）点**

1. 了解剖析创业环境的基本内容，包括外部环境剖析、内部环境剖析等

2. 掌握使用PEST分析法、SWOT分析法进行创业环境剖析

## 引导案例

### 陈晓燕在大学城开品牌内衣店

陈晓燕是某纺织大学的本科毕业生，大学毕业后在一台资企业打工，该企业从事纺织服装出口贸易，所以陈晓燕对纺织服装比较熟悉。

2004年，一次偶然的机会到开发区的大学城看望她的表妹，发现离市区约有20千米远的大学城服装店较少，内衣店却一家都没有，她随后马上上网搜索有关大学城的情况，了解大学城内有二十多所大学，还有一所中学等，现有学生人数约12万，今后几年还将有不少的增加，加上大学的教职员工3万多人，大学城旁边有很多的企业，员工人数接近10万，于是陈晓燕认为这是一个巨大的市场。结合她熟悉的纺织服装，陈晓燕酝酿在大学城开设一家内衣店。

2005年，陈晓燕经过各方面的考察，选择一家不是很有名、刚刚起步的内衣品牌加盟，当然陈晓燕曾经与该内衣品牌有过接触，知道该品牌内衣质量不错，生产的内衣主要出口。为了节省费用，陈晓燕将店址选择在大学城东区某一学院的生活区，东区离市区较远，而且是后建的，商业气氛不太浓厚，店铺租金便宜。

考虑到新生和学院开学等各方面因素后，陈晓燕选择在9月1日开业。开业前几天，陈晓燕的广告已经散发到各临近学院的每一个角落，施行开业一个月内满200元送100元券，实付满300另送VIP卡，凭VIP卡购内衣可以打8折等优惠措施。

开业当天和随后几天，光顾内衣店的学生和老师都很少。陈晓燕有点急了，但她很快找到了原因：一、可能优惠让利幅度不够，一般的大商场优惠让利的幅度更大；二、新生还没有到校，新生对内衣需求量可能更大；三、该市的9月还相当热，绝大部分的学生和老师都穿夏装，还没有穿内衣，现在需求量没有释放出来。陈晓燕耐心地等待着，同时，她也积极地搜集附近各个大学新生入学的日子，在各大学新生入学的当天到新生报到处散发广告单，同时优惠让利幅度更大，从9月15日到国庆节止，满200元减100元，其他优惠措施照旧。但遗憾的是，一直到国庆节到来，内衣销售额还是没有多少。10月1日到10月7日，由于学生和老师都回家了，大学城人数寥寥，内衣店干脆关门不营业。10月8日开门重新营业，天气渐渐变冷，到了该穿内衣的季节，内衣店每天的顾客人数还是寥寥无几，大多数学生和老师经常散步进来看看，但买内衣的顾客还是很少。

陈晓燕很迷茫，她哪里做错了？

**案例解析：**创业是具有创业意识和创业技能，发现创业资源和捕获创业机会，并由此创造出满足社会需要的产品或服务并实现其潜在价值的过程，但在创业初期需要进行详细的调查和分析。陈晓燕的创业案例给我们启示很大，在创业的初期要根据客观条件充分进行创业前的调查和研究，得出客观、科学的结论，创业前对创业的行业、区域的分析都要以实际调查为依据，不能主观臆断，认为人流量大、租金便宜就是开内衣店的有利条件，当经营出现危机的时候也不能主观判断是衣服不够便宜，而是要通过科学的方法，找出危机原因所在，对症下药，才能取得良好的效果。

## 相关知识

### 一、创业环境剖析的内容

创业环境包括一般外部环境、内部环境两个方面。

（一）创业的一般外部环境分析

企业是一个复杂的、开放的、非平衡的人造系统。这个系统在其自身的发展过程中，始终与外部环境进行着信息、物质资源和人才等方面的交流。外部环境的种种变化，可能会给企业带来两种性质不同的影响：一是为企业的生存和发展提供新的机会，二是可能会对企业生存造成威胁。这样，企业要谋求继续的生存和发展，就必须研究和认识外部环境。

创业的一般外部环境主要是指企业所在的国家或地区的政治、经济、人口、社会文化、科技、资源甚至地理和气候等环境。

1. 政治环境分析。

政治因素主要分析以下 4 个方面。

(1) 对国家制度和政策进行分析：主要分析其政治制度、对外政策，包括对不同国家和地区的政策等。

(2) 对国家或地区之间的政治关系进行分析：主要分析设立或取消关税壁垒，采取或撤销一些惩罚性措施，增加或减少一些优惠性待遇等。

(3) 对政治和社会动乱进行分析。

(4) 对国有化政策进行了解和分析。

2. 经济环境分析。

经济环境主要分析这个国家的能源和资源状况、交通运输条件、经济增长速度及趋势、产业结构、国民生产总值、通货膨胀率、失业率，以及农、轻、重比例关系等方面；同时也要分析某一国家（或地区）的国民收入、消费水平、消费结构、物价水平、物价指数等。

3. 政策、法律环境分析。

创业者如能了解一些常用法律及政策，以法律政策规范企业的投资、经营和管理行为，将使企业发展一帆风顺。假使违反法律和政策，则企业的发展可能会走很多弯路，也许自己的权益得不到保障；也许经济纠纷不断；也许创业者受到行政处分甚至被追究刑事责任。我国的法律及政策法规数量众多，创业者没有必要一一熟悉，但了解或熟悉一些与创业相关的法律与政策法规却是非常必要的。

4. 社会环境分析。

社会环境包括社会文化、社会习俗、社会道德观念、社会公众的价值观念、职工的工作态度以及人口统计特征等。

例如由于我国实行计划生育政策，20 世纪末和 21 世纪初，在人口结构上将发生变化。人口结构将趋于老龄化，青壮年劳动力供应则相对紧张，从而影响企业劳动力的补充。但是另一方面，人口结构的老龄化又出现了一个老年人的市场，这就为生产老年人用品和提供老年人服务的企业提供了一个发展的机会。

5. 科技环境分析。

创业者须及时了解分析创业地区的新技术、新材料、新产品、新能源的状况，国内外科技总的发展水平和发展趋势，本企业所涉及的技术领域的发展情况，专业渗透范围、产品技术质量检验指标和技术标准等。

6. 地理和气候环境分析。

创业者应注意对地区条件、气候条件、季节因素、使用条件等方面进行分析。

例如，我国的藤制家具在南方十分畅销，但在北方则销路不畅，受到冷落，其主要原因是北方气候干燥，这种家具到北方后往往发生断裂，影响了产品的声誉和销路。

（二）创业内部环境分析

创业的内部环境分析包括内部资源分析、能力分析以及核心竞争力分析。

1. 企业内部资源分析。

在创业阶段，主要分析目前拥有的财力资源、物力资源、市场资源、环境资源、技术资源、人力资源等方面就足够了。

值得注意的是，在进行企业资源分析的时候，还需要特别注意企业的无形资源，如技术资源、信誉资源、文化资源和商标等。

2. 企业能力分析。

对于企业能力，由于企业还不存在，创业者从以下几方面来分析未来企业的一些能力。

(1) 企业从外部获取资源能力分析。

(2) 生产能力分析。创业者可能没有生产环节，但应该根据创业计划预测企业今后的生产能力，创业初就对加工工艺和流程是否先进，生产设备设施等方面的计划安排，仓储、员工、产品或服务质量等方面进行分析。

(3) 营销能力分析。主要从战略角度考虑，包括三方面的内容：一是市场定位的能力，二是营销组合的有效性，三是营销管理能力。

(4) 科研与开发能力分析。包括企业科研队伍的现状和变化趋势，以及高等院校或科研单位合作的基础条件等。

3. 企业核心能力分析。

企业核心能力是指决定企业生存和发展的最根本因素，它是企业持久竞争优势的源泉。

一般认为，企业培育核心能力的途径就是产品经营，指企业为了实现内部资源的最优配置而采取的一系列管理行为，包括生产作业管理、供应管理、技术创新、市场营销管理、财务管理、人力资源管理等。

总之，创业者必须在创业前或在创业过程中对企业所处的环境进行仔细的分析，准确地预测市场行情，而在分析和预测市场行情前，创业者必须搜集一些必要的市场信息。

## 二、创业环境剖析方法

创业环境剖析方法主要包括 PEST 分析法和 SWOT 分析法。

（一）PEST 分析法

PEST 是政治（political）、经济（economic）、社会（social）和技术（technological）英文单词的缩写，PEST 分析是指对影响一切行业和企业的各种宏观环境因素进行扫描分析。不同行业和企业根据自身特点和经营需要，分析的具体内容会有差异，但一般都应对上述四大类影响企业的主要外部环境因素进行分析。

有时，亦会用到 PEST 分析的扩展变形形式，如 SLEPT 分析或称 STEEPLE。STEEPLE 包含以下因素：社会/人口（social/demographic）、技术（technological）、经济（economic）、环境/自然（environmental/natural）、政治（political）、法律（legal）、道德（ethical）。

PEST 分析示意图如图 2-1 所示。

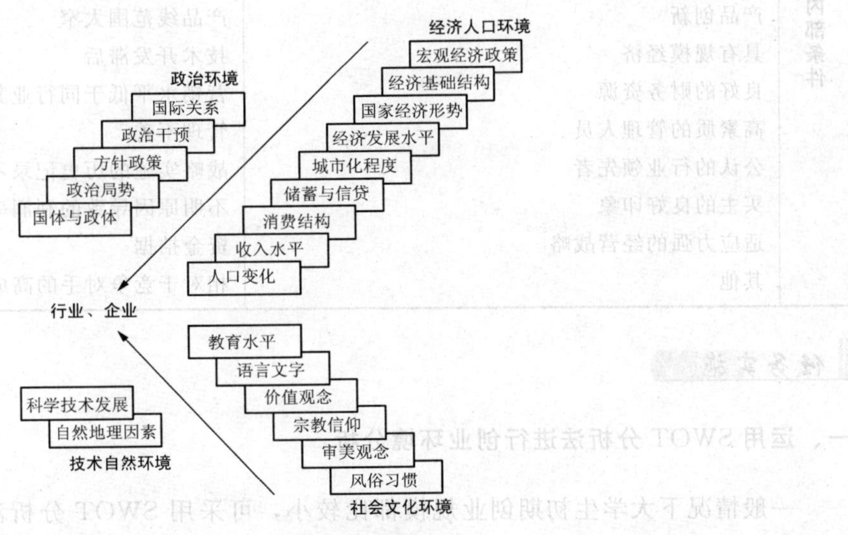


图 2-1 PEST 分析示意图

（二）SWOT 分析法

SWOT 分析法是指通过对企业内外部环境的分析，找出企业自身的优势（strenth）、劣势（weakness）以及所面临的机会（opportunity）和威胁（threats），寻求环境变化对企业战略发展路径的影响。它是将对企业内外部条件各方面内容进行综合和概括，进而分析组织的优劣势、面临的机会和威胁的一种方法。一般情况下 SWOT 分析法需要考虑的因素如表 2-1 所示。

表 2-1 SWOT 分析中一般所需要考虑的因素

| | 潜在外部威胁（T） | 潜在外部机会（O） |
|---|---|---|
| 外部环境 | 市场增长较慢<br>竞争压力增大<br>不利的政府政策<br>新的竞争者进入行业<br>替代产品销售额正在逐步上升<br>用户讨价还价的能力增强<br>用户需要与爱好逐步转变<br>通货膨胀递增及其他 | 纵向一体化<br>市场增长迅速<br>可以增加互补产品<br>能争取到新的用户群<br>有进入新市场或市场面的可能<br>有能力进入更好的企业集团<br>在同行中竞争业绩优良<br>扩展产品线满足用户需要及其他 |

续表

| | 潜在内部优势（S） | 潜在内部劣势（W） |
|---|---|---|
| 内部条件 | 产权技术<br>成本优势<br>竞争优势<br>特殊能力<br>产品创新<br>具有规模经济<br>良好的财务资源<br>高素质的管理人员<br>公认的行业领先者<br>买主的良好印象<br>适应力强的经营战略<br>其他 | 竞争劣势<br>设备老化<br>战略方向不同<br>竞争地位恶化<br>产品线范围太窄<br>技术开发滞后<br>营销水平低于同行业其他企业<br>管理不善<br>战略实施的历史记录不佳<br>不明原因导致的利润率下降<br>资金拮据<br>相对于竞争对手的高成本及其他 |

## 任务实施

### 一、运用 SWOT 分析法进行创业环境分析

一般情况下大学生初期创业规模都比较小，可采用 SWOT 分析法来进行创业环境剖析。下面我们使用 SWOT 分析法对一个创业案例来进行剖析。

**案例 1**

**失败的租客**

主修商务类专业的小曾、小陈等 7 个人，一直怀着一颗创业的心。近来，格子店风靡了整个大学城，他们创业心的蠢蠢欲动，决定开创一番事业。结果却不尽如人意，他们亏得一败涂地。

**选址一波三折**

在比较了几个地方的商街后，他们挑选了位于华南师范大学门口的北亭广场。一方面，华南师范大学早已搬到了这里，常驻师生数量达到了 3 万多人，这个商场已有多家商铺入驻，多数生意都做得很红火；另一方面，在大学城北亭广场二楼的淘宝街里，格子店成行成市。

可是，该店店主不守信用，经常不开店，并且不整理商品，销售量不佳。于是，小曾等人把商品转移到商业中心格子店寄卖。商业中心虽是人流旺地，显眼的格子租金却昂贵。

**商品挑选仓促**

到了选择商品环节，没有经过实地调查，他们就进了价格便宜的饰品——耳钉。把商品稍做装饰后，他们就把商品拿去格子店寄卖。由于投资者众多，分工不精确，各人基本采取放任自流的态度，少去管理。

我们对上面案例使用 SWOT 分析法进行内部及外部环境分析：

**优势分析**

S1：他们是团队租一个格子，便于筹资，相对减少每个人投入的时间、金钱、精力。如果合作得好的话，还可达到1+1>2的效果，集合更多资源。

S2：他们初次租格子创业，饱含激情与创意，更易于创意发挥和思维发散。

S3：他们租的格子距离他们生活所在地比较近，便于管理。

S4：他们的格子选址商业中心，是大学城人流旺盛地区，他们的格子处于比较显眼的地方，易于吸引客户。

S5：他们选择的商品——饰品，进货单价比较便宜，盈利空间较大，风险较少。

**劣势分析**

W1：在创业人员素质方面，他们急于求成、缺乏市场意识及商业管理经验和技巧，社会经验不足，经营管理、分工合作、团队精神、外界竞争方面都存在缺陷，在选购商品、选格子、经营方面都体现了这一点。

W2：在经营方式方面，分工合作得不好，就降低了组员积极性，削弱总体力量。

W3：在成本方面，他们租的格子的租金相对较高，成本较大。

W4：在店主方面，店主与店员沟通不好，给他们带来许多管理上的不便。

**机会分析**

O1：从消费群体上看，饰品能满足女性顾客选购需求，潜在顾客较多。

O2：从市场细分上看，当时格子店里没有格子是专卖耳钉的，商品具有独特性。

O3：从成本上看，租格子卖商品相对于租店铺卖商品的租金成本低。

**威胁分析**

T1：从商品性质上看，饰品不是日常用品，重要性低。

T2：从商品款式上看，他们的饰品款式相对比较低档。

T3：从消费群体上看，只有打了耳洞的女孩才会买耳钉，减少了消费群体。

T4：从竞争对手上看，在商业中心卖饰品的店铺比比皆是，竞争对手较多也较强，就连同一个店铺里的格子也有卖饰品的。

另外我们还可以从供应商环境、经营环境、竞争环境、市场环境、人力资源环境、资金环境上分析。

供应商环境：饰品进货单价比较便宜，且可就地进货，减少运输费。

经营环境：他们选择的格子店店方整体经营模式还有很多不完善的地方，其中包括商品的入仓与出仓登记、销售员的销售技巧、月结的不完整、没有及时通知格主、没有与格主进行好的沟通与建议、店方的服务质量不高。虽然这些都是外部因素，但是对于他们格主却是影响甚大，他们的经营状况是受到这些方面的影响的。

竞争环境：卖饰品竞争对手多，而且实力强。

市场环境：由于他们卖的商品非日常用品，而且细分得厉害，款式低档，导致消费者较少。

人力资源环境：与W1相同。

资金环境：合资能集合较多资源，分担风险。租格子卖商品相对于租店铺，租金较少；可是相对于其他格子，他们格子的租金较高。

拓展知识

## 信息收集的方法

创业者收集信息的方法有两种：一种是间接方法，另一种是直接方法。

（一）间接法收集信息

间接法收集信息就是收集已存在的、别人调查整理的二手信息、情报、数据或资料。这些间接的信息可以从各个渠道得到，如报纸、杂志、互联网、行业协会、研究机构、政府部门、统计机构、银行财税、咨询机构等。对创业者来说，间接法收集二手信息比较方便、容易、费用少、来源广、节省时间，所以创业调查分析在收集信息时往往首先采用这种间接方法。

对于创业者来说，可从以下几个主要渠道加以收集。

1. 互联网上：利用谷歌、百度等搜索引擎输入你需要的信息的关键词，将会得到很多你想要的信息；在互联网上，还有各行各业的行业信息、商（厂）家信息、网站等。

2. 统计部门与各级各类政府主管部门公布的有关资料。国家统计局和各地方统计局都定期发布统计公报等信息，并定期出版各类统计年鉴，内容包括全国人口总数、国民收入、居民购买力水平等，这些均是很有权威和价值的信息。这些信息都具有综合性强、辐射面广的特点。

3. 各种经济信息中心、专业信息咨询机构、各行业协会和联合会提供的市场信息和有关行业情报。这些机构的信息系统资料齐全，信息灵敏度高，为了满足各类用户的需要，通常还提供资料的代购、咨询、检索和定向服务，是获取资料的重要来源。

4. 国内外有关的书籍、报刊、杂志所提供的文献资料，包括各种统计资料、广告资料、市场行情和各种预测资料等。

5. 有关生产和经营机构提供的商品目录、广告说明书、专利资料及商品价目表等。

6. 各地电台、电视台提供的有关市场信息。近年来全国各地的电台和电视台为适应市场经营形势发展的需要，都相继开设了市场信息、经济博览等以传播经济、市场信息为主导的专题节目及各类广告。

7. 各种国际组织、外国使馆、商会所提供的国际市场信息。

8. 国内外各种博览会、展销会、交易会、订货会等促销会议以及专业性、学术性经验交流会议上所发放的文件和材料。

尽管可以便捷收集到间接信息，但间接信息时效性差，能收集到的很多信息已经过时了，现实中正在发展变化的新情况、新问题难以得到反映；另外，间接信息针对性较差，与创业者的分析目的往往不能很好地吻合，数据对解决问题不能完全有用，有时需要做进一步的加工处理；还有些数据的精确度会受到影响。在间接方法无法满足创业者的信息分析要求时，也可以考虑采用直接法收集市场信息。

（二）直接法收集市场信息

收集市场信息的最直接方法就是直接观察或者调查相关人员的相关问题或感受，根据得到的答案或信息整理出有用的市场信息。直接法收集的主要是市场的微观市场信息；对于宏观市场信息的收集往往超出我们的能力，因此只能通过间接法收集。

通常有以下几种直接收集信息的方法。

1. 问卷调查法。

根据调查或收集信息的目的，将需要收集的信息分为一个个具体的问题集中在一张调查表上，根据被调查者的回答，整理出能反映市场总体信息的一种调查方式。问卷调查是直接收集市场信息最常用的方法，目前在国内外被广泛采用。

2. 面谈访问法。

面谈访问法是访问者根据收集信息的提纲直接访问被访问者，当面询问有关问题，既可以是个别面谈，主要通过口头询问；也可以是群体面谈，可通过座谈会等形式。

个别面谈一般用于商品需求、购物习惯等；群体面谈一般请一些专家就市场价格状况和未来市场走向进行分析和判断。

3. 电话询问法。

电话询问法是由工作人员通过电话向被访问者询问了解有关问题的一种方法。

电话询问的优点是，取得市场信息的速度较快；节省收集费用和时间；信息的覆盖面较广；可以访问到一些不易见到面的被访问者，如某些名人等。

4. 观察调查法。

观察调查法是收集信息的工作人员凭借自己的感官和各种记录工具，深入被观察者现场，在被观察者未察觉的情况下，直接观察和记录被观察者行为，以收集市场信息的一种方法。

观察法的优点是，可以实地记录市场现象的发生，能够获得直接具体的生动材料，对市场现象的实际过程和当时的环境气氛都可以了解，这是其他方法不能比拟的。观察法不要求被观察者具有配合收集工作的语言表达能力或文字表达能力，因此适用性也比较强。观察法还有资料可靠性高、简便易行、灵活性强等优点。

5. 实验法。

实验法是指市场调研者有目的、有意识地改变一个或几个影响因素，来观察市场现象在这些因素影响下的变动情况，以认识市场现象的本质特征和发展规律。实验调查既是一种实践过程，又是一种认识过程，并将实践与认识统一为调查研究过程。企业的经营活动中经常运用这种方法，如开展一些小规模的包装实验、价格实验、广告实验、新产品销售实验等，来测验这些措施在市场上的反映，以实现对市场总体的认识。

## 思考与训练

1. 请采用 SWOT 分析法分析以下案例。

**案例**

### 成功的大学生格子店主

在大学城贝岗村最近开了家格子店，虽然小小的格子店才开张几天，却吸引了众多大学生前往淘宝。店内有很多玻璃格子，里面有许多颜色鲜艳的小玩意。有小饰品、电子产品，还有些化妆品等，商品上均清晰地标明价格。但主要以化妆品和首饰居多，进入店内的也多以女性顾客为主。

这间小店是广东外语外贸大学的几个学生一起开的，店面月租大概 6 000 元，每个格子的租金约 100～300 元/月。该店有 198 个格子，每月收到大约 3 万元月租，除去月租、薪水和相关税费等，一个月的纯利也有上万元。且现在已有七成出租。

格子店模式的经营过程中不能忽视一个大赢家——格子店出租人，本案例中大学生看中了格子店的潮流兴起，发现了市场对格子店的需求，于是几个大学生就合资经营了一间大格子店，正如店主说的“别人是卖商品，我们是卖格子”。

2. 请采用 SWOT 分析法来分析自己的意向创业项目。

# 项目三

## 明晰创业条件

**学习目标**

通过本项目的学习与训练，使学生了解创业初期在工商、税务、消防、环保等方面应具备的条件，掌握公司注册流程及必须准备的资料。

**技能（知识）点**

1. 掌握工商、税务、消防、环保等部门对企业的要求

2. 掌握从工商注册到正式运营所必需的相关手续的办理及流程

引导案例 1

2000年初，张明在大连成立了一个车辆租赁公司，旨在为出行不便的人提供价位比出租车低、速度比公交车快的交通服务模式，方便人们的交通出行。

张明从一则新闻中得知，由于牙科医生不可能自己携带所有医疗器械前往那些出行不便的老人家中为他们进行治疗，因此法国北部地区的一些专业交通运输公司便为医生设计了专门的出行规划，提供特殊物品运载服务。张明由此得到灵感，于是他借鉴这种运输模式开辟了自己的新业务，在租车出行的同时还提供特殊服务，比如为了避免酒后租赁人不能开车的尴尬局面出现，在租赁车辆的同时提供代驾司机的服务。

公司在沈阳和吉林分别设立了分公司，一共聘请了19个工作人员。由于客户可以提前数天预约以便在某些路段能够与其他客户合租一辆车，因此公司收取的服务费用要比普通出租车公司便宜30%。并且客户可以以较小的代价请一位代驾司机跟着，比较方面，所以这种运营方式受到了客户的青睐。现在，公司每月大约要接近1 600单业务。

但好景不长，出租车公司将张明所开的车辆租赁公司告上了法庭，理由是张明经营的是变相的出租车服务，超范围经营。最后通过法院、工商与出租车公司的协调，张明的公司关闭了这项提供代驾的业务，业务量也大大减少，公司的损失也很大。

引导案例 2

大学生小吴准备在学校附近开一家精品店："进货渠道没有问题，现在面临的难题就是怎样办理各种手续"。为此，小吴特意在互联网上搜索了注册公司的手续流程。"各个环节都写得很清楚，但实际操作起来还是有很多不懂的地方。"小吴总结道。

**案例解析**：引导案例1中，张明也不是刻意去超过工商部门核定的经营范围，只是觉得通过提供代驾的业务能够让公司的经营业务有所上升。但事实上，在租赁汽车给客户提供代驾的同时，公司本身就给客户提供了类似于出租车的业务，从而与出租车公司产生了业务上的纠纷。这个案例给我们一个启示：每个企业在经营时都应熟悉了解工商、税务等方面的法律、法规，便于企业的正常经营，不能违反法律、国家相关行政部门制定的相关规定，引起不必要的纠纷。引导案例2启示我们，创业首先要熟悉企业注册流程，这对初创业者来讲很重要。

相关知识

## 一、企业的基本形态

企业的基本形态主要包括个体工商户、个人独资企业、合伙企业、有限责任公司4种形态，如表3-1所示。

**表3-1 企业的基本形态**

| 类别 | 业主数量和注册资本 | 成立条件 | 经营特征 | 利润分配和债务责任 |
|---|---|---|---|---|
| 个体工商户 | 业主是一个人或家庭；<br>无资本数量限制 | 成立条件简单，业主只要有相应的经营资金和经营场所就可以了；<br>个体工商户可以起字号 | 资产属于自己所有；自己既是所有者，又是劳动者和管理者 | 利润归个人或家庭所有；<br>由个人经营的，以其个人资产对企业债务承担无限责任；<br>由家庭经营的，以家庭财产承担无限责任 |

续表

| 类　别 | 业主数量和注册资本 | 成立条件 | 经营特征 | 利润分配和债务责任 |
|---|---|---|---|---|
| 个人独资企业 | 业主是一个人；无资本数量限制 | 投资人是自然人；有合法的企业名称；有投资人申报的出资；有固定的生产经营场所和必要的生产经营条件；有必要的从业人员 | 财产为投资人个人所有；业主既是投资人，又是经营管理者 | 利润归个人所有；投资人以其个人资产对企业债务承担无限责任 |
| 合伙企业 | 业主两人以上；无资本数量限制 | 有两人以上合伙人，并且都依法承担无限责任；有书面合伙协议；有合伙人的实际出资；有合伙企业的名称；有经营场所和从事合伙经营的必要条件 | 依照合伙协议，共同出资，合伙经营，共享收益，共担风险 | 合伙人按照合伙协议分配利润；合伙人共同对企业债务承担无限连带责任 |
| 有限责任公司 | 由2个以上50个以下的股东组成；注册资本因不同经营内容有法定下限 | 股东符合法定人数；股东出资达到法定资本最低限额；股东共同制定公司章程；有公司的名称，建立符合有限责任公司要求的组织机构；有固定的生产场所和必要的生产经营条件 | 公司设立股东会、董事会和监事会；并由董事会聘请职业经理管理公司经营业务 | 股东按出资比例分配利润；股东以出资额为限，承担有限责任 |

## 二、一般企业缴纳税种

普通企业所需纳税的税种一般包括以下9种。

1. 增值税：增值税按销售收入的17%、6%（分别适用增值税一般纳税人、小规模生产加工纳税人）缴纳。

2. 城建税：城建税按缴纳的增值税的7%缴纳。

3. 教育附加税：教育费附加按缴纳的增值税的3%缴纳。

4. 印花税：购销合同按购销金额的万分之三贴花；账本按5元/本缴纳；年度按“实收资本”与“资本公积”之和的万分之五缴纳（第一年按全额缴纳，以后按年度增加部分缴纳）。

5. 城镇土地使用税：城镇土地使用税按实际占用的土地面积缴纳。

6. 房产税：房产税按自有房产原值的70%×1.2%缴纳。

7. 车船税：车船税按车辆缴纳（各地规定不一，不同车型税额不同）。

8. 企业所得税：企业所得税按应纳税所得额（调整以后的利润）缴纳（3 万元以内 18%，3 万元至 10 万元 27%，10 万元以上 33%）。

9. 发放工资代扣代缴个人所得税。

## 三、工商税务法规

国家工商税务部门对企业经营的要求很多，不可能一一列举，下面主要从企业初创者需要了解的工商税务常识提及如下。

### （一）任何个人或组织都必须持证经营

任何个人或组织在国家规定范围内从事营利性生产经营的，都应在工商行政管理部门办理注册登记手续。属个人合伙组织还应提交合伙协议。个体工商户和私营企业凭工商行政管理部门核发的营业执照或筹建许可证刻制印章、开设银行账户。企业应在工商行政管理部门办理注册登记手续后 30 日内，到经营地的税务机关和财政机关办理税务登记和财务登记手续。例如一些黑心加工厂或无证摊贩，没有任何工商税务登记，属于非法经营，工商部门可依法取缔。

法律、法规规定必须取得专项审批文件或许可证件的，依照法律、法规的规定办理。例如经营食品场所要申领卫生许可证，工作人员须持有健康证；做物流公司就需要向交通部门申请资质。

另外，个体工商户和私营企业在生产经营中发生下列情况时，应当向原注册登记的工商行政管理部门办理相应登记手续：

1. 个体工商户和私营企业分立、合并、转让、迁移以及改变字号或企业名称、经营范围、注册资金、经营方式等，应办理变更登记或者重新登记；

2. 个体工商户自行停业，应办理停业登记。停业登记期间免交税费。

### （二）依法纳税和缴纳工商管理费用

经营者须依法纳税和缴纳工商管理费。对逾期未交管理费的个体或企业，工商行政管理部门可以按应交额 5%的比例逐日计收滞纳金。对拒不交纳管理费的，处以应交额 2 倍以下的罚款。

经营者未按照规定的期限办理纳税申报的，或者未按照规定的期限向税务机关报送代扣代缴，由税务机关限期改正；逾期不改正的，可以处以两千元以下的罚款。

另外大学生刚开始创业时，要注意每个月按时向税务机关申报纳税，即使没有开展业务不需要交税，也要进行零申报，否则会被罚款。

**案例** 2005 年的隆冬，正是寒风凛冽、雪花轻飘的季节。河北省邢台地税局稽查局收到了一封举报信：邢台地区某有限公司有偷税问题。在当地税务机关的配合下，稽查人员来到了公司的大院里。厂长从办公室里走出来接待了专案人员。专案人员向厂长说明了情况，出示了相关手续。厂长满不在乎地说道："我过去被县城授予县级劳动模范称号，是县城里的利税大户。这几年厂子还行，效益好，为国家连年作贡献。我们合法经营，不偷税。"

然而，专案人员对厂区进行了账外实地考察：发现厂区里面新建了一栋厂房，已经投入使用。专案人员运用账内检查对“固定资产”账和“管理费用”账和“应交税金”账进行了重点检查后发现了几处问题。

1. 新增加房产未申报缴纳房产税：该厂于去年年初新增加房产原值1 605 600元，结合报表发现该厂未有房产税纳税申报表，应交税金账上也没有反映这部分税金。

2. 白条入账情况严重：记账凭证后面所附原始凭证白条现象较多。按照《中华人民共和国发票管理办法》第36条规定：未按规定取得发票的行为，由税务机关责令限期改正，没收非法所得，可以并处一万元以下的罚款。

面对以上违法事实，厂长没有了见面时的那副神情了，赶紧向专案人员递烟倒水套起了“近乎”，并请求专案人员高抬贵手。

目前，税务机关已将该厂漏交的土地使用税和房产税连同滞纳金、罚款全部追缴入库。

依法纳税是每个经营者应尽的义务，任何人不得以任何借口或者理由偷税或者漏税，如果无视法律法规只能受到更加严重的惩罚。

（三）不得超范围经营

企业或个人须按核准的登记事项从事经营活动，不得超范围经营。

**案例**1　某市X建材有限公司经公司登记主管机关依法核准登记注册，于2005年4月成立，经核准的经营范围是：木材、钢材、水泥销售。当事人自成立以后，在经营木材、钢材、水泥销售的同时，也经营涂料销售。至2006年3月26日被该市工商局执法人员依法查获时，当事人实现涂料销售收入计27 600元，其中截至2006年1月1日涂料的销售收入是19 000元，2006年1月至被依法查获时涂料的销售收入是8 600元。上述当事人因经营涂料实现的收入被当事人记录于其依法设立的财务账经营收入科目中［借记银行存款（现金），贷记经营收入——涂料］。基于上述调查事实，该市工商局按照《公司法》第212条、《公司登记管理条例》第73条的规定依法限期当事人自接到限期改正通知之日起30日内依法办理变更登记。一个月以后，经工商执法人员依法检查，发现当事人并未按照通知规定在规定时间内办理变更登记并继续从事涂料销售经营，即对当事人立案查处，履行完毕法定程序后，于2006年5月15日依照《公司法》第212条、《公司登记管理条例》第73条的规定对当事人作出罚款20 000元上缴国库的行政处罚。

**案例**2　2009年6月24日，B市工商局（以下简称B工商局）接到电话举报，反映某酒店（以下简称A酒店）违法经营住宿。B工商局遂立案调查。经查，A酒店于2008年11月25日经B工商局核准登记，企业类型为普通合伙企业，核准的经营范围为中餐制售、凉菜销售。自2009年3月19日始，A酒店在未经消防安全检查合格、未取得《特种行业许可证》、未经工商局核准变更经营范围的情况下，擅自在其经营场所从事住宿服务经营活动。案件调查终结后，B工商局认为A酒店的行为已构成《无照经营查处取缔办法》第4条第1款第5项“超出核准登记的经营范围、擅自从事应当取得许可证或者其他批准文件方可从事的经营活动”的违法经营行为，根据《无照经营查处取缔办法》第14条第1款、《行政处罚法》第23条之规定，于2009年9月27日作出责令当事人改正违法行为，没收违法所得20 000元，罚款90 000元的行政处罚决定。

新《公司法》对超出核准登记的经营范围（主要登记事项之一）的处罚程序是：由公

司登记机关责令限期登记；逾期不登记的，处以1万元以上10万元以下的罚款。经营者明知超范围经营却铤而走险只能得到应有的下场。

（四）合法用工，改善劳动环境，保障员工正当权益

改善劳动条件，加强劳动保护工作，保障员工的正当权益是经营者的义务。经营者对人身健康、生命安全有影响的行业，必须为其帮工办理有关保险手续。不得招用童工，虐待侮辱帮工，引诱或者胁迫帮工从事非法活动。

**案例**1　张海超，河南省新密市工人。2004年6月到郑州振东耐磨材料有限公司上班，先后从事过杂工、破碎、开压力机等有害工作。工作三年多后，他被多家医院诊断为尘肺，但企业拒绝为其提供相关资料，在向上级主管部门多次投诉后他得以被鉴定，郑州职业病防治所却为其作出了“肺结核”的诊断。为寻求真相，这位28岁的年轻人只好跑到郑州大学第一附属医院，不顾医生劝阻，铁心“开胸验肺”，以此悲壮之举揭穿了谎言。其实，在张海超“开胸验肺”前，郑州大学第一附属医院的医生便对他坦承，“凭胸片，肉眼就能看出你是尘肺”。张海超在2009年9月16日向媒体证实其已与郑州振东耐磨材料有限公司签订了赔偿协议：赔偿包括医疗费、护理费、住院期间伙食补偿费、停工留薪期工资、一次性伤残补助金、一次性伤残津贴及各项工伤保险待遇共计615 000元，他自己也与郑州振东耐磨材料有限公司终止了劳动关系。

**案例**2　2007年5月，山西洪洞警方破获一起黑砖场虐工案，解救出31名民工，其中有部分童工。之后，数百名失踪儿童的父母在网上联名发帖寻子。案件引起中央震动，胡锦涛等作出批示。逃逸工头衡庭汉落网。山西省长于幼军道歉。此事件被媒体称为“黑砖窑事件”！临汾市中级人民法院认为：被告人衡庭汉、王兵兵为谋取私利，采用雇人看守等方法剥夺他人人身自由，强迫劳动，其行为已构成非法拘禁罪，并致一人重伤，应在3年以上10年以下量刑。被告人赵延兵、衡明阳、刘东升还随意殴打他人，应从重处罚。被告人刘东升犯罪时未满18周岁，应从轻处罚。被告人衡明阳、刘东升在违法拘禁中处于从属地位，系从犯。被告人衡庭汉指使看管人员对偷懒不干活或逃跑民工进行殴打，被告人赵延兵受衡庭汉授意故意伤害他人并致人死亡，二被告人行为已构成故意伤害罪。对衡庭汉、赵延兵应以非法拘禁罪和故意伤害罪数罪并罚。

每个企业都有为自己员工改善劳动条件的义务，为其帮工办理有关保险手续。加强劳动保护工作，保障员工的正当权益，不得招用童工，引诱或者胁迫帮工从事非法活动。如有类似现象企业就失去了良知，等待的就是法律的严惩。

（五）不得生产或者销售假冒伪劣商品

**案例**1　2008年5月，被告人季某向上海某高压管业有限公司租借了本市真南路822弄325号106仓库，作为其存放卷烟的地点，从事销售各类假冒卷烟。2009年1月8日，上海市公安局普陀分局会同上海市烟草专卖局普陀分局前往该仓库，抓获被告人季某并当场查获中华牌卷烟350条、三五牌卷烟2 625条、红双喜牌卷烟350条。经鉴定：上述卷烟均系假冒伪劣卷烟；经估价，货值金额为人民币526 725元。

上海市普陀区人民检察院起诉时指控：被告人季某已经着手实行犯罪，由于其意志以外的原因而未得逞，系犯罪未遂，依法可以比照既遂犯减轻处罚；同时他自愿认罪，其家

属主动缴纳了罚金，确有悔罪表现，依法可以酌情从轻处罚并适用缓刑。

**案例** 2　一家运动旅行包加工厂未经授权许可，私自使用阿迪达斯厂家注册商标，侵犯他人的注册商标专用权。2010 年 8 月 5 日，赣州开发区工商局根据群众举报，依法对位于赣州开发区工业一路的一家加工厂进行现场检查。在检查中执法人员发现，几名工人正在赶制印有“adidas”标志的旅行包，旁边堆放着印有“adidas”标志的旅行包半成品，在房间的一个角落里堆放着上百件印有“adidas”标志的旅行包成品。执法人员现场核查，印有“adidas”标志的成品、半成品的旅行包达数百件。其商标标志与阿迪达斯国际有限公司注册的“adidas”商标相同，且当事人郭老板无法提供出“adidas”商标的使用授权许可，也不能提供阿迪达斯有限公司的任何授权证明。执法人员当场责令该厂立即停止侵权行为，没收标有“adidas”标志的旅行包成品以及半成品，并依据商标法等相关法律，对其处以 10 万元罚款。

当事人在未经商标注册人许可的情况下，擅自使用他人商标，导致商标专用权人利益受害，触犯了《中华人民共和国商标法》。生产出的假冒伪劣商品也侵犯了广大消费者的合法权益，应该依法予以取缔。

## 四、消防环保要求

### （一）企业须定期学习消防和环保政策

企业必须定期学习国家的消防、环保法规，建立健全消防、环保管理制度。职工必须严格遵守消防安全规章制度，主动提出消除火险隐患和改进消防工作的建议；职工有权拒绝违章指挥，险情特别严重时有权停止作业，并采取紧急防范措施，同时报告有关负责人。

**案例**　某度假村在刚刚试营业的一天，厨房在清理卫生，还有一些角落仍在施工，临时电线到处都是。冷菜间领班秦师傅和他的两个徒弟小方和小余正在打扫卫生，时有时无地闻到一股焦味，心细的三人立即分头寻找味源，最终在一个角落里发现了一堆杂物，有木屑、木板、纸板、塑料袋等装修废弃物，一条电线从中间穿过，焦味正是从此处传出的。一丝不安的预感涌上了秦师傅的脑子，他立马让小方打电话通知安全部消控中心，自己则急急忙忙打电话给工程部，让他们马上切断该区域的电源。这时木堆由于温度过高已经开始冒烟，这是电线接头裸露在外引起的。他们在安全部和工程部员工的配合下，将这堆废弃物搬开，对电线进行了修复，从而避免了一次火灾事故的发生。

任何一个消防隐患都可能造成不安全的事故，导致火灾的发生，在日常工作中，要发现隐患立即整改，做到防患于未然。企业应对职工进行消防法规和消防常识的教育；职工应掌握必要的防火、灭火知识，熟悉所从事岗位的火灾危险性、预防措施及灭火方法；新工人要经过防火知识教育后才能正式上岗作业；对从事特殊工种的人员，要进行消防专门培训，经考试合格后方能上岗作业。

### （二）企业应建立健全易燃易爆物品管理制度

凡生产、使用、储存、运输易燃易爆物品的单位，必须执行国家关于易燃易爆物品的安全管理规定；各类易燃易爆危险品仓库，设置在远离生产、生活区的安全地带；从事使用、保管易燃易爆物品的人员，应了解其安全性能、安全操作方法及预防措施。

**案例** 位于南方某市的某化工企业所处地理位置地势较低，生产过程中使用连二亚硫酸钠（俗称保险粉）作为主要原料，考虑到供应商在本地，且为降低成本，该企业要求供应商保险粉不要用铁桶包装，只用编织袋包装即可。该企业的保险粉仓库为单独设置，仓库内未设温度仪、湿度仪。2009 年雨季来临之前，企业安全部门针对仓库专门组织了安全检查，提出应采取措施加高保险粉的存放地点。由于仓库主任的疏忽，未进行处理。几天后连续数日天降暴雨，仓库进水，引起保险粉燃烧，造成保险粉仓库全部烧毁，三人出现中毒症状。

《中华人民共和国安全生产法》规定：生产经营单位的安全生产管理人员应当根据本单位的生产经营特点，对安全生产状况进行经常性检查；对检查中发现的安全问题，应当立即处理；不能处理的，应当及时报告本单位有关负责人。该企业对仓库进行了雨季来临前的安全检查，发现了问题，但没有及时进行处理，最终引发了事故的发生。

（三）企业应建立健全安全用电管理制度

企业的各种电气设备应由电工负责安装、检修、拆除，电工应严格执行电气设备安全技术规程；严禁使用不符合规定的保险装置。产生大量蒸汽、气体、粉尘的工作场所，应采用密封式电气设备；生产易燃易爆物品的车间或仓库的电气设备，应符合防火防爆要求。对电气线路、机械设备，应经常检修，保证完好；严禁电气设备和线路超过安全负荷。

（四）企业的建筑设计必须符合国家有关消防、环保技术规定的要求

建设项目开工建设之前必须经环保部门选址，厂址要远离城市建成区、村庄、风景名胜区、铁路、公路等环境敏感区。厂址选定后，要进行环境本底监测，作为环境管理依据。新建、扩建、改建企业的消防设施，必须与主体工程同时设计，同时施工，同时投产使用；违反消防法规、没有消防配套设施或存在重大隐患的项目，不得投入使用。所有工业企业及其他新、改、扩建设项目在开工建设前必须提前向当地环保部门递交申请及建设项目可行性研究报告书，严格执行环保第一审批制度。对严重污染环境的企事业单位和在特殊保护的区域内超标排污的生产、经营设施和活动，环保部门在当地政府的授权下，对其限期治理，并监督实施，要求在一定期限内治理并消除污染。

**案例 1** 赵某系大连市经销木材的个体业主。自 1996 年起，赵某陆续兴建土法木材烘干窑，加工木材。由于烘干窑没有取得环保部门的行政审批，且对环境污染严重，大连市环保局对其三次下发通告，要求限期拆除烘干窑。赵某诉至法院要求撤销行政通告。法院判令该行政行为具有事实和法律依据，应予维持。

近些年，各级政府愈加重视环境保护，采取各种措施对污染环境的项目予以治理。本案即是大连市环保局依法治理环境污染的行政行为，受到法律保护。

**案例 2** 2005 年 9 月 15 日上午 7 时 50 分，锦州某速冻食品有限公司液氨罐发生泄漏。氨气顺风扩散至附近一校区，关某等 10 名学生被确诊为“氨气中毒，双眼慢性结膜炎”。人均发生治疗费用 3 500 余元。经法院调解，被告以现金方式赔偿。

本案提醒企业要加强管理，特别是在可能事关公众利益的设施评估、选址与应用上，

要有公益意识，避免由于事故引发环境污染。

（五）职工宿舍、生产车间和料品仓库实行“三分开”

严禁企业将职工宿舍、生产车间和料品仓库混设在同一建筑物内。凡不符合“三分开”原则的，应限期整改。

**案例** 位于汕头市潮阳区谷饶镇上堡居委会五片一处四层半的家庭作坊发生了火灾。

令人感到不可思议的是，假如不是火灾焚烧原因，该处楼房外观就是一座典型的民居建筑。在现场围观的村民告诉记者，该楼房的业主叫张培雄，系谷饶镇上堡村人，今年41岁，该楼房为其居住和生产场地，平时主要生产网络聊天耳机等产品，除业主一家四口外，还雇有员工35人，多是20岁不到的年轻人，主要以女工为主，另有七八个男工。

事后，消防人员也向记者证实，该楼房属于典型的“三合一”家庭作坊，首层为生产车间和男工宿舍，第二层为生产车间，第三层为业主住宅，第四层为女工宿舍和员工活动场所，第五层则是用来堆放废料等杂物。

火灾仅在一层造成过火面积202平方米，二楼以上设施基本完好，但因没有防火门阻隔，仅有一条私人楼梯，楼房四围窗户全被防盗网围住，一楼起火后因烟囱效应，浓烟顺着仅有的一条楼梯冲上顶楼，导致四楼的女工在推门逃生过程中，被烟呛致窒息死亡。

一名消防员告诉记者，在灭火救援现场，消防官兵发现，距离着火层最近的二、三层因各有一个厚重的红木门阻挡，建筑内部都没有过火，只有少量的烟雾弥漫进来。而四楼楼梯口的女工宿舍和员工活动场所只有一片轻薄的普通木门，首层着火不久，这片木门就被高温有毒的烟雾烤穿，严重威胁着里面员工的生命安全。住在里面的女工从睡梦中醒来，发现已经逃生无路了。

安全生产重于泰山，企业须严格按照消防安全“三分开”原则，否则害人害己。

（六）污染排放须达标

企业运营废物排放，必须遵守污染物排放的国家标准和地方标准，并经当地环保部门（或政府）或上级部门批准，取得排污量核定指标。

**案例**1 1997年8月，某机电公司在该市湖里工业区建立铁件加工厂，而与铁件加工厂毗邻的兴湖花园E座于1995年10月竣工，原告杨某于1996年下半年购买了E座306室并于1996年年底入住。铁件加工厂投入生产后，“三班倒”加工敲打、制作铁件，其发出的巨大声响吵得原告和家人夜里无法入睡，长期以来都处于这种噪声的严重干扰下，原告已经出现失眠、神经衰弱等多种症状。家中正在上学的孩子也因噪声的影响无法专心学习。他们多次向环保部门投诉，环保部门接到投诉后，进行了实地勘察和监测，经监测，现场噪声确实主要来自铁件加工厂，在该厂围墙外测得厂界噪声达到昼间78分贝，夜间67分贝，远远超过了我国《工业企业厂界噪声标准》。同时查明，铁件加工厂在成立时未向环保部门申报拥有的造成环境噪声污染的设备的种类、数量以及正常作业条件下所发出的噪声值和防治环境噪声污染的设施情况。环保部门遂作出处理决定，要求该企业补办环境噪声排放登记程序，缴纳超标准排污费和罚款，并要求采取措施进行治理。被告某机电公司铁件加工厂因制造噪声扰民向原告杨某支付精神损失费7 000元，并被责令彻底整改，消除噪声污染，停止对原告的噪声侵害。

**案例 2** 1996 年四川省武胜县张明学自筹资金购买了 100 吨铁船 1 只，船内设养鱼舱 5 个，养鱼水面积 93.5 万平方米，于同年 5 月投入嘉陵江养鱼，船体距上游武胜县冷冻厂排污口 100 米左右。1997 年 10 月 17 日上午 9 时许，县冷冻厂检修机器，清洗高压储液氨桶，清洗的污水直接流入嘉陵江，进入张明学的养鱼舱内。10 时左右，鱼开始跳动、死亡。12 时许，舱内鱼大部分死亡，共约 5 570 斤。张明学获知情况，立即请县环保局、卫生防疫站、公安局派员现场察看，经环保监测人员采集水样化验：该县冷冻厂排污口处污水每升含氨氮 1 737.374 毫克，张明学船舱内养鱼水每升含氨氮 129.30 毫克，其中，非离子氨浓度每升水 1.62 毫克，超过国家《地面水环境质量标准》规定的非离子氨浓度应当小于每升水 0.02 毫克的 80 倍。武胜县法院审理认为：该县冷冻厂超标排污使部分江水变质，变质江水进入养鱼舱内，是张明学饲养的鱼类死亡的直接原因，应当依法赔偿张明学的经济损失。为此，依照《环境保护法》、《水污染防治法》和《民法通则》等有关法律之规定，作出前述判决。

## 任务实施

### 工商注册的步骤

一般企业工商、税务注册登记包括以下几个程序。

1. 核名：到工商局去领取一张“企业（字号）名称预先核准申请表”，填写你准备命名的公司名称，由工商局上网（工商局内部网）检索是否有重名，如果没有重名，就可以使用这个名称，核发“企业（字号）名称预先核准通知书”。

2. 租房：去专门的写字楼租一间办公室，如果你自己有厂房或者办公室也可以，有的地方不允许在居民楼里办公。租房后要签订租房合同，并让房东提供房产证的复印件。

3. 编写“公司章程”：可以在工商局网站下载“公司章程”的样本，根据自己企业实际情况再行修改。章程的最后由企业所有人或所有股东签名。

4. 到会计师事务所领取“银行询征函”：联系一家会计师事务所，领取一张“银行询征函”（必须是原件，盖有会计师事务所的公章）。如果你不清楚，可以看报纸上的分类广告，有很多会计师事务所的广告。

5. 去银行开立公司验资户：所有股东带上自己入股的那一部分钱到银行，带上公司章程、工商局发的核名通知、法人代表的私章、身份证、用于验资的钱、空白询征函表格，到银行去开立公司账户，你要告诉银行是开验资户。开立好公司账户后，各个股东按自己出资额向公司账户中存入相应的钱。银行会发给每个股东缴款单，并在询征函上盖银行章。

**注意：**《公司法》规定，注册公司时，投资人（股东）必须缴纳足额的资本，可以以货币形式（也就是人民币）出资，也可以以实物（如汽车）、房产、知识产权等出资。到银行办的只是货币出资这一部分，如果有实物、房产等作为出资的，需要到会计师事务所鉴定其价值后再以其实际价值出资。

6. 办理验资报告：拿着银行出具的股东缴款单、银行盖章后的询征函，以及公司章程、核名通知、房租合同、房产证复印件，到会计师事务所办理验资报告。

7. 工商局注册：到工商局领取公司设立登记的各种表格，包括设立登记申请表、股东（发起人）名单、董事经理监理情况、法人代表登记表、指定代表或委托代理人登记表。填好后，连同核名通知、公司章程、房租合同、房产证复印件、验资报告一起交给工商局。大概 3 个工作日后可领取执照。

8. 刻公章：凭营业执照，到公安局指定的刻章社，去刻公章、财务章。后面步骤中，均需要用到公章或财务章。

9. 办理企业组织机构代码证：凭营业执照到技术监督局办理组织机构代码证，办这个证需要半个月，技术监督局会首先发一个预先受理代码证明文件，凭这个文件就可以办理后面的税务登记证、银行基本户开户手续了。

10. 银行开户：凭营业执照、组织机构代码去银行开立基本账户。最好是在原来办理验资时的那个银行的同一网点去办理，以节省开支。开基本户需要填很多表，须带齐材料，包括营业执照正本原件、身份证、组织机构代码证、公章、法人章。

11. 税务登记：领取执照后，30 日内到当地税务局申请领取税务登记证。一般的公司都需要办理 2 种税务登记证，即国税和地税。其中办理税务登记证时，必须有一个会计，因为税务局要求提交的资料中有一项是会计资格证。创业者应对的方法一般是请一个兼职会计。

12. 申购发票：如果公司是销售商品的，应该到国税去申请发票，如果是服务性质的公司，则到地税申领发票。

工商注册的步骤具体如图 3－1 所示。

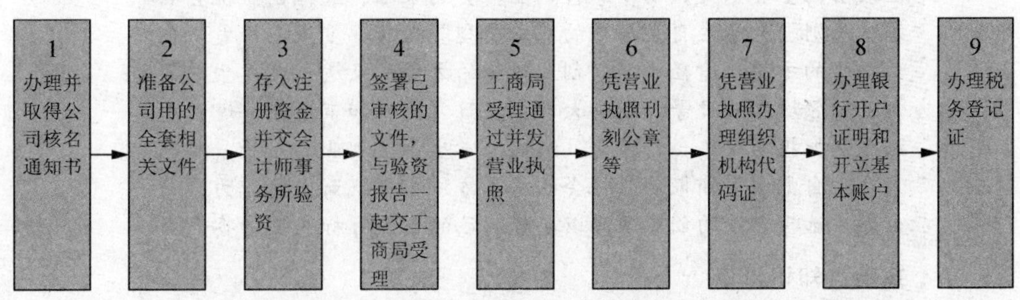


**图 3－1　工商注册的步骤**

**注意：**公司必须建立健全会计制度，刚开始成立的公司，业务少，对会计的工作量也非常小，可以请一个兼职会计，每个月到公司做账。

## 思考与训练

如果你是本案法官，你认为以下案例应当如何处理？

**案例**　2005 年 12 月，王某、吴某两人合资开办了一家外贸服务公司，向工商局办理了注册登记。其中王某出资 6 万元；吴某向朋友李某借款 4 万元，作为自己的出资。2008 年 10 月，受全球金融风暴的影响，公司资产损失殆尽，只剩下 1 万元现金，而负债却高达 6 万元，其中公司向个体户赵某借款 4 万元，向电脑公司购买电脑欠货款 2 万元。公司破产后，李某、赵某和电脑公司都找到王某、吴某两人，要求他们清偿欠款。王某、吴某提出，其所开办的是有限责任公司，只能以账面所剩的 1 万元在三者之间按 2∶2∶1 的比例清偿。李某等不同意，遂向法院起诉。

# 项目四

## 捕捉创业机会

**学习目标**

通过本项目的学习与训练，使学生了解创业机会对自主创业成功的重要意义，初步掌握创业机会的来源、选择创业机会的基本原则、大学生自主创业的基本类型等内容，重点掌握发现创业机会的方法和途径、捕捉创业机会的方法以及适合大学生自主创业的领域和项目等，提高大学生在日常生活和市场经济过程中洞察和把握创业机会的能力，激发大学生自主创业的热情，培养大学生自觉利用捕捉创业机会的基本方法去寻找商机的能力，为大学生选择合适的创业项目以实现自己的创业目标提供借鉴。

**技能（知识）点**

1. 创业机会的来源
2. 选择创业机会的基本原则
3. 大学生自主创业的基本类型
4. 发现创业机会的方法和途径
5. 捕捉自主创业机会的基本方法
6. 适合大学生创业的项目

## 引导案例1

张宇做生意的灵感来自于同校的一位师兄。大学第一学期的某一天，那位师兄来到张宇所在的班级推销MP3，只见他口若悬河，不费吹灰之力就在他们班卖出了8部。这件事让张宇隐约觉得自己身边也有这种机遇，期待有一天也能像师兄一样做点什么。随后的第二个学期，班主任老师在班会上讲到了学校对大学生英语学习的要求后，接下来同学就在图书馆、校园书店里开始寻找全国英语四级考试的相关资料，但在相互的交流中大家发现合适的资料很少，这让张宇想到了师兄推销MP3的事，渴望成功的张宇意识到机会应该来了。他立即到其他班级打听，发现很多同学都有同样的感受，于是他决定一试身手。在认真研究了教育部、学校对大学生英语要求的相关规定后，张宇开始行动了。接下来的几天，张宇不停地在苏州市内的各大书店、文化市场间来回奔波，寻找、打听、比较关于英语四级考试资料的相关信息、资料。最后，他与文化市场一位老板达成协议，以七折的价格帮助这位老板代销英语四级考试的相关资料。一个月内，张宇先后三次从老板那儿拿来四百套资料并顺利地全部销给了学校的同学，没花一分钱，张宇顺利地赚到了三千元。这成了他的第一桶金，更坚定了他“做点小生意”的信念。之后，张宇在课余时间总是紧紧盯住同学们的消费需求，充电器、电池、耳机、手机饰品等他都能以极低的价格引入校园。通过推销这些产品，张宇很快成了小有名气的“生意精”。一年后，随着学院创业园的建立，张宇正式入驻学院创业园，开始经营计算机、数码相机、手机及配件等数码产品，初步实现了“小生意”的华丽转身，开始了自主创业的历程。

## 引导案例2

当退休的名誉董事长井深大提着手提式录音机和一副耳机来到盛田昭夫办公室的时候，盛田昭夫的想象力再次被激发了：对！应该研制一种小巧轻便型的能随身携带的单放机！“随身听”新产品的灵感霎时在他脑海里形成。经过技术人员的反复构思与研究，终于研制出了可以随身携带的微型录音机。由于其音效清晰而保真、样式精致而小巧，首批3万部随身听销售一空，并很快风靡全日本，上市第一年即销售了400万部，随后又流行于国际市场。随身听的出现，一下子改变了全世界无数人听音乐的习惯，为索尼公司带来了巨大的经济效益。

**案例解析**：分析以上两个案例，至少可以给我们如下启示。

1. 创业其实并不难。创业机会其实就在我们身边，只是就在我们身边的创业机会，并不是每个人都有能力察觉到，更不是每个人都能真正地去利用这些机会，从而使自己获得成功。在这个过程中，良好的判断力和决断力是开启创业之门的钥匙。

2. 机会永远只留给有准备的人。张宇的成功在于他有师兄的启发，正是对成功的渴望，凭着坚定的信念，张宇才能从学习资料开始，一步一步捕捉到商机，最后成功创业。如果你也渴望成功，希望能通过创业来实现自己的价值，那你就应该在日常的学习生活中有意识地去寻找可能的创业机会，为将来的创业做好准备。

3. 市场信息的把握是成功创业的基础。张宇正是通过同学们对学习资料的需求，通过对市场的把握，找到了供应方（文化市场）和需求方（同学们）之间的信息缺口，不费吹灰之力就迈入了创业的门槛。盛田昭夫也是发现了客户所需求产品的市场缺失，成功研发出随身听，弥补了生产和需求之间的缺口，从而获得了巨大的消费市场。由此可见，对市场信息的把握是他们迈向成功的基本前提。

4. 坚定的信念是创业成功的关键。师兄简单的推销活动给了张宇启发，第一桶金的获得，坚定了张宇的信念，销售的商品从简单的生活用品到高科技的数码产品，实现了张宇自主创业的梦想。同样，盛田昭夫没有因为市场上没有随身听而徘徊犹豫，没有因技术部门和销售部门的强烈反对而放弃，他的坚定信念让他做出了以辞职相要挟，全力推动这个新产品的上市。正是这种坚定的信念，使他们在选定了项目后义无反顾地坚持下去，从而获得了创业的成功。

## 相关知识

随着我国改革开放和经济建设的快速发展，特别是当前我国经济发展面临着迫切的经济结构调整和产业升级，巨大的市场潜力和市场空间，为新时代有志创业的大学生提供了前所未有的机遇。大学生完全有可能根据自己的优势和特长，选择适合自己的创业之路，在创造财富的同时实现自我价值。

中国创业招商网的统计表明，90%的人曾经有过创业冲动，其中60%的人会付诸实施，但是其中仅有10%的人会成功。为什么会有这么多人失败呢？统计结果表明：98%的人认为创业失败是因为没有选准合适的项目。调查还显示：80%的创业者在创业前期都感到确定创业项目“十分头疼”、“很难抉择”；在创业失败的案例中，有60%的人觉得是“创业项目不对头”或“创业项目选择失误”；而在成功创业的人群中，70%的人都认为是“良好的创业项目成就事业”。可见，一个良好的创业项目，能让创业者少走很多弯路，大大增加创业成功的几率，良好的创业项目的选择能成就一个美好的未来。

### 一、创业机会的来源

创业往往是从发现、把握、利用某个或某些商业机会开始的。所谓创业机会，也称商业机会或市场机会，是指有吸引力的、较为持久的和适时的一种商务活动空间，并最终表现在能够为消费者或客户创造价值或增加价值的产品或服务之中。

创业机会的出现往往是因为环境的变动、市场的不协调或混乱、信息的滞后、领先或缺口以及各种各样的其他因素的影响。也就是说，在一个自由的商业系统中，当行业和市场中存在变化着的环境、混乱、矛盾、落后与领先、知识和信息的鸿沟以及其他真空时，创业机会就产生了，如技术革新、消费者偏好的变化、法律政策的调整等。

总的来说，以上几种因素可归纳为技术机会、市场机会和政策机会三类创业机会。

#### （一）技术机会

所谓技术机会，即技术变化带来的创业机会，主要源自新的科技突破和社会的科技进步。通常，技术上的任何变化或多种技术的组合都可能给创业者带来某种商业机会，具体表现在三个方面：

1. 新技术替代旧技术。当在某一领域出现了新的科技突破或技术，并且它们足以替代某些旧技术时，创业的机会就来了。

2. 实现新功能、创造新产品的新技术的出现。这无疑会给创业者带来新的商机。

3. 新技术带来的新问题。多数技术的出现对人类都有其既利又弊的两面性，在给人类带来新的利益的同时，也会给人类带来某些新的灾难，这就会迫使人们为了消除新技术的这些弊端，再去开发新的技术并使其商业化，这就会带来新的创业机会。

#### （二）市场机会

所谓市场机会，即市场变化产生的创业机会。一般来看，主要有以下四类：

1. 市场上出现了与经济发展阶段相关的新需求。相应地，就需要有企业去满足这些新的需求，这是创业者可以利用的商业机会。

2. 当期市场供给缺陷产生的商业机会。非均衡经济学认为，市场是不可能真正供求平衡的，总有一些供给不能实现其价值，创业者如果能发现这些供给结构性的缺陷，也就可以找到可资利用创业的商业机会。

3. 先进国家（或地区）产业转移带来的市场机会。从历史上看，世界各地的发展进程是有快有慢的，即使在同一个国家，不同区域的发展进程也不尽相同。这样，在先进国家或地区与落后国家或地区之间，就有一个发展的“势差”，当这种发展的“势差”达到一定程度，由于国家或地区之间存在“成本差异”，再加上经济发展到一定程度时，环保问题往往会被先进国家或地区率先提到议事日程，这样，先进国家或地区就会将某些产业向外转移，这就可能为落后国家或地区的创业者提供了创业的商业机会。

4. 从中外比较中寻找差距，差距中往往隐含着某种商机。通过与先进国家或地区比较，看看别人已有的哪些东西我们还没有，这些“没有的”就是差距，其中就可能发现某种适合自己创业的商业机会。

（三）政策机会

所谓政策机会，即政府政策变化所赐予创业者的商业机会。随着经济发展、科技变革等，政府必然也要不断调整自己的政策，而政府政策的某些变化，就可能给创业者带来新的商业机会。

## 二、选择创业项目的基本原则

一个良好的创业项目，能让创业者少走很多弯路，大大增加创业成功的几率，良好的创业项目的选择能成就一个美好的未来。通常在选择创业项目的时候必须遵循以下 5 个基本原则。

（一）立足长远发展

创业项目的选择犹如找对象，创业初期一定要把创业项目定位为终身事业，这将决定你的事业能走多远。我们对任何一个项目都有一个认识、理解、通透、把握的过程，这实际上是一个人认识生活、认识社会的必然过程。一个人的创业过程实际上是创业者和项目长期相互融合的过程，这就需要创业者在创业初期选择创业项目的时候就必须立足项目的长远发展，以终身事业的态度来对待所选择的项目，这和项目发展到一定阶段，由于外界因素的变化需要对项目进行深化和转型并不矛盾。事实上，当创业发展到一定阶段，对创业项目进行深层次的深化和转型是创业项目自身发展的必然要求，是另外一种层次的创业类型。

（二）发挥个人特长

“不熟不做”、“知己知彼”是创业项目选择中需要把握的一个重要原则。知己，就是要清醒地认识自己的优势、特长、兴趣、知识的积累情况和所具备的知识结构（包括潜在的和预期的）、性格以及心理特征等；知彼，就是对社会未来发展趋势的正确认识和准确判断，对社会稳定、恒久、潜在需要的预测。充分考虑个人特长，主要是因为创业初期的抗风险能力较弱，通过发挥已有的特长能增强自主创业的抗风险能力，降低潜在的风险

（如：技术风险、市场风险、政策风险、投资风险、管理风险、法律风险等），以提高成功创业的机会。

（三）把握特色发展

创业项目的选择一定要有自己的特色，这是一个项目生存、发展的基础。可以用两句话来表达创业的特色发展，即：人无我有，人有我优。通过人无我有的先机，可以尽快在市场上立足；通过人有我优的特色产品或服务，可以提高市场份额，促进创业项目的成功。因此，在创业初期，我们所选择的项目一定要体现出自己的特色，短期内要具有一定的不可替代性和不可复制性，使得事业在发展初期就能力拔头筹、占有稳定的市场，为下一步的发展提供空间。应该尽量选择科技含量高的项目（如新技术、新工艺、新材料等），即使是服务项目也要新颖独特，具有创意和可行性（如网络服务、预约上门等）。一个项目中至少要在一个方面具备别人不具有的优势，这是企业进一步发展的“根”。

（四）明确价值投资

创业项目要具有一定的竞争优势（如价格、质量、用途、服务等），要有明确的目标市场，甚至要能在一定的区域内明显地填补市场空白，或能替代进口，表现出良好的市场前景，或为当地经济发展所亟需，或为人民生活所必需的产品或服务。项目的价值投资还表现为项目整体效益高，风险投资的收益高。

（五）选择合适产业

创业项目一定要符合当地的产业发展需求，符合当地生产生活的实际，尽量选择已经研发成功、已获得专利或正在申请专利、初步具备产业化条件的项目。同时，还应考虑国家和当地政府的产业调整政策，选择政策扶持、支持、大力发展的项目，这样才能获得政策扶持和广阔的市场前景。尽量不要介入尚在研发中的项目或产品，或者国家和当地政府明确需要调整或即将淘汰的产业。

## 三、大学生创业的基本类型

创业活动大致分为两类：机会拉动型和生存拉动型。一般来说，机会拉动型创业者是一种主动性创业，就是创业者把创业作为其职业生涯中的一种选择，这就要求创业者具有较高的心理素质、较强的创业抱负，以及较高的机会感知能力和创新手段，也就意味着所创造的企业属于成长型企业，发展潜力及其所创造的就业岗位质量都较高，有利于经济方式的转变。而生存拉动型创业者是把创业作为其不得不做出的选择，因为所有的其他选择不是没有就是不满意，创业者必须依靠创业为自己的生存与发展谋求出路。目前，我国的创业已经开始由生存拉动型创业向机会拉动型创业转变。大学生的创业通常都属于机会拉动型创业，也有极少数学生会在毕业后走上生存拉动型创业的道路。

创业类型的选择与创业动机、创业风险承受能力密切相关，也会影响创业策略的制定，因而也是探讨创业不可忽视的议题。目前权威部门通过对个人、组织、环境、过程等方面的分析研究，基本将创业类型分为以下 5 种类型。

（一）复制型创业

复制现有公司的经营模式，创新的成分很低，一般来说，新创公司中属于复制型创业的比例相对较高。由于这种类型创业的创新贡献太低，缺乏创业精神的内涵，它通常不是创业管理的主要研究对象，这种类型的创业基本上只能称为“如何开办新公司”，因此很少会被列为创业管理课程中的学习对象。但这种类型的创业由于起点低，管理模式相对简单，往往会成为初次创业的首选。举一个简单的例子就可以理解这种创业模式了——加盟店：前期利用现有的模式不用花大价钱，后期你的团队一旦建立起来，你就可以从它身上赚钱了，这个模式会使你的团队受益匪浅。比如地区合伙人、技术加盟、品牌加盟。它的关键是找到一个非常成功的系统，利用这个系统的模式把你的生意真正做大、真正做强，从而使你成为真正的生意拥有人。

（二）模仿型创业

这种形式的创业，对于市场虽然也无法带来新价值的创造，创新的成分也很低，但与复制型创业的不同之处在于，创业过程对于创业者而言还是具有很大的冒险成分的。这种形式的创业具有较高的不确定性，学习过程长，犯错机会多，代价相对也较高昂。这种创业对于具有创业人格特性，经过系统的创业管理培训，能准确把握市场进入时机的创业者来说，成功的机会还是非常大的。广州东利行公司与腾讯公司签署了为期 7 年的 QQ 形象标志有偿使用协议，当时许多人都怀疑，一只戴着红领巾的小企鹅能带来多大的利润？“东利行”总经理贺志军却从美国迪士尼公司的成功中看出了商机：QQ 的注册用户当时超过 8 600 万，用户以年轻人为主，他们对时尚产品的购买力极强。于是，“东利行”提出“Q 人类 Q 生活”的卡通时尚生活概念，开发漫画、精品玩具、手表、服饰等 10 大类约 1 000 种 QQ 企鹅标志的产品，并在全国各地开设了 100 多家连锁店。“东利行”的创意源于全球闻名的迪士尼公司。米老鼠、唐老鸭、白雪公主等卡通形象，已成为迪士尼公司取之不尽的财源。“东利行”正是移植了“迪士尼”的创业思路和赢利模式。如果你长期在某地生活或学习，有机会了解当地的经济发展情况，见多识广，洞察力强，那么不妨把当地的新鲜点子、全新的经营理念或经营方式搬移到你的家乡或外地。这种创业类型就是最典型的模仿型创业，既有成熟的运作模式，又要承担极大的商业风险，尤其是文化差异、风俗的差异，会对你的创业带来巨大的挑战，这就需要对这些模式进行本土化改造，以免企业水土不服带来创业风险。

（三）安定型创业

这种形式的创业，虽然为市场创造了新的价值，但对创业者而言，本身并没有面临太大的改变，做的也是比较熟悉的工作。这种创业类型强调的是创新意识和创业精神的实现，而不是新组织的创造，企业内部创业、家族内部的创业即属于这一类型。例如研发单位的某小组在开发完成一项新产品后，继续在该企业部门开发另一项新产品；某家族依靠建材聚集了大量财富，但其儿子从国外学成归来后开始将家族企业向医药方面发展，成立了一个大型的医疗器械公司。这都属于安定型创业的例子。

（四）冒险型创业

这种类型的创业，是一种难度很高的创业类型，典型的就是高科技创新创业，它不仅具有很高的科技创新贡献，对创业者本身也带来极大的改变，同时个人前途的不确定性也很高，对新企业的产品创新活动而言，也将面临很高的失败风险，可一旦成功，所得的回报也很惊人。这种类型的创业如果想要获得成功，必须在创业者能力、创业时机、创业精神发挥、创业策略研究拟定、经营模式设计、创业过程管理、创业（风险）投资等各方面，都要有很好的搭配。在选用这种创业模式前，创业者务必谨慎地审视自己各方面的能力再做决定。

（五）草根型创业

草根型创业是指由普通大众或平民针对已经把握的商业机会建立新的小型组织，或通过简单创新，使已经成熟的商业模式持续焕发新的活力。它与精英阶层通过高新技术变革，或通过整合大量社会资源，特别是通过寻求风险投资（创业投资）机构，融资建立或重组创业机构的方式有显著的不同。由于草根阶层在创业知识、能力和资源上的不足，草根创业通常是相对困难的事情，也会面临着失败的风险。但同时，草根创业又是“野火烧不尽，春风吹又生”，广泛存在于国民经济的各个行业，广泛存在于人民群众的日常生活当中，特别是人民生活必需的普通服务行业，更是草根型创业类型层出不穷的地方。它也是大学生创业初期采用最多的创业模式之一。

一般来说，当前大学生自主创业的类型主要以草根型创业、模仿型创业、复制型创业为主，少部分有条件的学生会选择安定型创业类型，只有极少部分具有高新技术研发能力、管理能力和融资能力强的学生才能选择冒险型创业类型。

## 任务实施

### 一、发现并捕捉创业机会

发现并捕捉创业机会是创业者必须具备的商业意识的重要表现，创业者必备素质里面就包括敏锐的商业意识。创业机会无处不在、无处不有，它对任何人都是公平均等的，但是，一个人发现和捕捉创业机会的能力是有很大差异的：智者创造机会，勇者抢占机会，强者抓住机会，弱者错过机会，愚者抛弃机会。不管你是哪一种人，你都应该相信机遇只偏爱那些有准备的头脑。创业者要发现商机，首先必须做好市场研究，通过收集、利用、分析、综合各种信息，了解社会经济的状况，社会各行各业的发展情况，消费者的需求和消费流行趋势，从而发掘出市场空隙，这个市场空隙就是创业者创业机会的所在。

（一）把握创业机会的环节

准确把握创业机会是创业取得成功的重要一步，这个过程通常经历以下三个环节。

1. 形成创意。

创业者成功开始的关键，可能来源于一个经适当评价的新产品或服务较完美的创意，而创意往往来源于对市场机会、技术机会和政策机会的感觉和把握。概括起来，创意产生的方法主要有：

(1) 根据经验分析。经验在审视创意时显得至关重要。有经验的创业者往往在模式和机会还在形成的过程中就表现出了快速识别它们和形成创意的能力。

(2) 创造性思维。创造性思维在形成创意的过程中是很有价值的，而且在创业的其他方面也是如此，创造性思维可以通过学习和培训等来提升。

(3) 激发创造力。激发创造力的方法有很多，如头脑风暴法、自由联想法、灵感激励法等，可以通过这些方法来激发创造力。

(4) 依靠团队创造力。当人们组成团队时，往往可以产生单个人不会出现的创造力。通过小组成员集体交换意见所产生的问题解决方案和其他方式相比，可能会更好。据统计，约47%的创意来源于工作团队的活动。

**案例** 公元220年，三国混战的历史，经过几个世纪的沉淀，在21世纪竟变成了一个创富传奇。2008年仅一年的时间，一款名为《三国杀》的桌游风靡了整个中国。如今，它已经拥有3 000万粉丝。

《三国杀》的创造者之一——北京游卡桌游文化发展有限公司CEO杜彬告诉《小康·财智》记者："2010年，公司的收入已经超过5 000万。"娱乐之后，相信人们更愿意去寻找：究竟是什么成就了《三国杀》的财富传奇？《三国杀》实际上并没有什么神秘之处，它只是一款由153张牌组成的普通的桌面游戏，这套卡牌游戏很简单，只要掌握了游戏规则，每个人都可以乐在其中。也许正是这份简单和趣味，成就了《三国杀》的今天。

创始人杜彬回忆《三国杀》的发展历程，也觉得邂逅《三国杀》真的很偶然。杜彬很喜欢桌游，所以，三年前，他想要在中国市场上寻找一款有意思的桌游，但是，他很快发现，中国的桌游市场毫无生气，游戏不仅缺乏，多数还是山寨国外的。一次网购，他在淘宝网上偶然发现了价值69元的《三国无双》，这款游戏属于两个传媒大学的学生。于是，杜彬花费69元，成了这款游戏的第10个买主。

谁也没有想到，就是因为这69元，拉开了杜彬和《三国杀》的财富序幕。买了《三国无双》的杜彬，很快就被这个游戏的设计和三国背景吸引，清华大学计算机博士毕业，在IBM已经有了一份不错工作的他，开始有了创业的冲动。这份冲动一直扰乱着杜彬的思绪，于是，他决定深入了解这个游戏。经过和设计者的深入接触，杜彬决定，放弃工作，成立工作室，正式开始他的桌游创业之路。也许真的是幸运之神很眷顾这个喜爱桌游的年轻人和他的伙伴，经过修改的《三国无双》变身为《三国杀》之后，分外走俏。在杜彬的记忆里，第一批手绘的300套《三国杀》很快就被抢购一空。之后，印刷的5 000套《三国杀》也被抢购一空。第一桶金就这样得来了，回忆起当时的情景，杜彬还在笑，虽然觉得幸运，不过，他更愿意承认自己的眼光独到。

2. 创业机会信息的收集。

创业机会信息的收集是使创意变为现实的创业机会的基础工作。首先，明确研究的目的或目标。例如，创业者可能会认为他们的产品或服务存在一个市场，但他们不能确信：产品或服务如果以某种形式出现，谁将是顾客。这样，一个目标便是向人们询问他们如何看待该产品或服务，是否愿意购买，了解有关人口统计的背景资料和消费者个人的态度。

当然，还有其他目标，如了解有多少潜在顾客愿意购买该产品或服务，潜在的顾客愿意在哪里购买，以及预期会在哪里听说或了解该产品或服务等。

其次，从已有数据或第一手资料中收集信息。这些信息主要来自于商贸杂志、图书馆、政府机构、大学或专门的咨询机构以及互联网等。一般可以找到一些关于行业、竞争者、产品创新等方面的信息。该种信息的获得一般是免费的，或者成本较低，创业者可以利用这些信息。

最后，从第一手资料中收集信息，包括一个数据收集过程，如观察、访谈、集中小组试验以及问卷等。该种信息的获得一般来说成本都比较高，但却能够获得有意义的信息，可以更好地识别创业机会。

**案例** 失恋，对于一般人来讲只是一次痛苦的情感经历，但对于有商业头脑的人来说，却是一个灵光乍现的创业创意。被称为“最牛专科生”的杨锐，半年内卖出40万元的单身T恤，一个精准摸住商业脉搏的点子让这个年轻人成功地赚到了第一桶金。11月11日是近年来突然兴起的“光棍节”，不仅很多商家会大发“光棍财”，网络上各种光棍商品也大受追捧。21岁的杨锐，是西华大学经济管理学院工商企业管理专业的大二学生。失恋的刺激让他意外发现“单身文化”这个巨大商机，创建了“单身派”服装品牌，首款主打产品“光棍T恤”一炮而红。2009年5月，“光棍T恤”进驻北京西单明珠大厦，共销售1000多件T恤。从4月到10月半年期间，杨锐共卖出“光棍T恤”2万多件，销售额达到40多万元。把“光棍无罪，单身有理”奉为人生格言的杨锐，看到了“光棍品牌”的生命力，马上到成都当地工商部门注册了“单身派”商标，准备乘胜追击，推出系列产品。

3. 创业环境分析。

环境在创业过程中扮演着非常重要的角色，因此，创业者准备创业计划之前，应该对技术环境、市场环境和政策环境进行详尽分析。

(1) 技术环境分析。技术的进步难以预测，从某种意义上说，技术是变化最为剧烈的因素。因为技术的进步可以极大地影响到企业的产品、服务、市场、供应商、分销商、竞争对手、制造工艺、营销方法及竞争地位等。

(2) 市场环境分析。一方面，一个新创企业成功与否，在很大程度上取决于整个经济运行情况，如整个国民经济的发展状况、产业结构的构成、失业状况以及消费者可支配收入等，这些因素都会影响市场的需求状况，从而对创业企业有一定影响。另一方面，从文化因素上说，如人们生活态度的变化、价值观念的变化、道德观的变化也会对创业的市场需求产生影响。

(3) 政策环境分析。政府的创业政策是指激励创业的政策，包括对创业活动和成长企业的规定、就业的规定、环境和安全的规定、企业组织形式的规定、税收的规定等。政府的政策规定、法律法规等都可能直接或间接影响创业的活动。例如取消价格控制法规、对媒体广告的约束法规（如禁止香烟广告）、影响产品及其包装的某个条例等，这些法规都将对创业企业的产品开发和市场营销等产生影响。

总之，对创业者来说，搜集必要的信息，发现可能性，将别人看来仅仅是一片混乱的事物联系起来以发现真正的创业机会，这是非常重要的。

（二）发现创业机会的方法

自主创业，如果把握住了每个稍纵即逝的创业机会，就等于成功了一半。怎么发现创业机会，需要注意以下几个主要问题。

1. 变化就是机会。

环境的变化，会给各行各业带来良机，人们透过这些变化，就能发现新的前景。变化可以包括：产业结构的变化，科技进步，通信革新，政府管制放松，经济信息化、服务化，价值观、生活形态变化，人口结构变化。以人口结构变化为例，机会包括为老年人提供健康保障用品，为独生子女服务的业务项目，为年轻女性和上班女性提供的用品，为家庭提供文化娱乐用品等。

2. 从低科技中把握机会。

随着科技的发展，开发高科技领域是时下最热闹的创业话题，但是，创业机会并不只属于“高科技领域”。在运输、金融、保健、饮食、流通这些所谓的“低科技领域”里也有很多机会，关键在于开发。

3. 集中盯住某些顾客的需要就会有机会。

机会不能从全部顾客身上去找，因为共同需要基本上已很难再找到突破口。现实生活中每个人的需求都是有差异的，如果我们时常关注着某些人的日常生活和工作，就能从中发现一些机会。因此，在寻找机会时，应习惯把顾客分类，如政府官员、菜农、大学老师、杂志编辑、小学生、单身女性、退休职工等，只要认真研究各类人员的需求特点，就一定能发现机会。

4. 追求“负面”就会找到机会。

所谓追求“负面”就是要着眼于那些大家“苦恼的事”和“困扰的事”，人们总是迫切希望解决这些所谓“负面”的事，如果能提供解决的办法，实际上就是找到了机会。例如双职工家庭，没有时间照顾小孩，于是有了家庭托儿所，没有时间买菜，就产生了送菜公司。这些都是从“负面”寻找机会的例子。

（三）发现创业机会的途径

创业机会无处不在、无时不在，这种机会可以通过以下5个途径来获得。

1. 问题。

创业的根本就是满足顾客需求，而顾客需求在没有得到满足之前就是问题。寻找创业机会的重要途径就是善于去发现和体会自己和他人在需求方面的问题或生活中的难处。例如上海一大学生发现学生们在不同校区间往返很不方便，于时便创办了一家客运公司，专门在这几个校区间接送学生。这就是把问题转化为创业机会的成功案例。

2. 变化。

创业的机会大都产生于不断变化的市场环境，环境变化了，市场需求、市场结构必然发生变化。著名管理大师将创业者定义为那些能“寻找变化，并积极反应，把它当做机会充分利用起来的人”。这种变化将带来产业结构的变动、消费结构升级、城市化加速、人们思想观念的变化、政府改革的变化、人口结构的变化、居民收入水平的提高、全球化趋势等诸多变化，这些变化都可能会成为发现创业机会的途径。

3. 创造发明。

创造发明提供了新产品、新服务，更好地满足了顾客需求，同时也带来了创业机会。比如随着电脑的诞生，电脑维修、软件开发、电脑操作的培训、图文制作、信息服务、网上开店等创业机会随之而来，即使你不发明新的东西，你也能成为代销和推广新产品的人，从而为你带来商机。

创造发明是在校学生的主要创业源泉。在校大学生，尤其是理工科的学生容易接触一些现代科学技术，可以利用学校的科技资源优势，如果能在条件许可的情况下参加一些科学实验，得到专家的指导，就容易结合市场需要创造出新的技术发明，带来创业的机会。

4. 竞争。

如果你能弥补竞争对手的缺陷和不足，这也将成为你的创业机会。看看你周围的公司，你能比他们更快、更可靠、更便宜地提供产品或服务吗？若能，你也许就找到了创业的机会。

5. 新知识、新技术的产生。

例如随着健康知识的普及和技术的进步，围绕“水”就带来了许多创业机会，上海世博会第一次将“直饮水”的模式全方位地展示到了国人面前，让中国人开始接受了“直饮水”的生活方式，于是很多人就从中看到了“直饮水”的商机，各地都有很多人利用这个商机走上了自主创业的道路。

### （四）把握创业机会的特征

有的创业者认为自己有很好的想法和点子，对创业充满信心，就开始跃跃欲试，甚至就开始了创业。有想法、有点子固然重要，但并不是每个人的想法和新奇的点子都能转化为创业机会的，仅凭想法和点子而去创业失败的例子比比皆是。那么如何判断一个好的商业机会呢？《21世纪创业》的作者杰夫里·第莫斯教授提出，好的商业机会有以下4个特征：第一，它很能吸引顾客；第二，它能在你的商业环境中行得通；第三，它必须在机会之窗存在的期间被实施（机会之窗是指商业想法推广到市场上去所花的时间，若竞争者已经有了同样的思想，并把产品已经推向了市场，那么机会之窗也就关闭了）；第四，你必须有资源（人、财、物、信息、时间）和技能才能创立业务。

### （五）捕捉创业机会的方法

捕捉创业机会，以下几种方法是最常用的。

1. 在信息中寻找创业机会。

凡事“预则立，不预则废”，善于利用各种信息，事先做好充足的准备，从中捕捉机会，并把握和充分利用机遇，才能有效地拓宽市场，这样才能把潜在的效益变成现实的利润。对创业者来说，最明显的信息来源是已有的数据或第二手资料，通过商贸杂志、网络、研究报告等获得行业和有关竞争者的深层信息，得到行业、对手（竞争者）、顾客偏好、产品创新等有价值的信息。同时创业者还应该学会收集第一手资料来获得信息，有目的、有计划地收集各种相关信息，并在收集资料的过程中通过观察、访谈、试验、问卷调查等方式对相关资料进行综合分析，从中寻找创业机会。

**体验活动一　推荐家乡土特产**

**活动目的：**

通过推荐家乡最有名的土特产，提高收集信息、分析信息的能力。

**活动实施：**

(1) 全面收集土特产的原料、口味、生产过程、包装过程的信息，收集苏州市场的大众口味、需求情况、对食品卫生的要求、包装要求等。

(2) 分析土特产进入苏州市场的可行性，并思考如果在苏州开一家乡土特产专卖店该收集哪些方面的信息，并分析这些信息对产品进入苏州市场能提供哪方面的帮助。

**体验活动二　收集关于手机支付的信息**

**活动目的：**

手机支付目前还是一种新兴的支付手段，在手机支付进入支付领域的过程中，应该会存在很多的商机。通过这一体验活动，提高收集信息、分析信息的能力，寻找可能存在的创业切入点。

**活动实施：**

(1) 收集比较目前国内外关于手机支付标准的讨论，思考我国关于手机支付标准确定后对国内支付手段的影响，以及对相关产业带来的巨大变革。

(2) 进一步收集与手机支付相关的配套产业的相关信息，结合自身的实际情况，在手机支付这一商业活动以及其上下游产业中寻找适合自己的可能创业机会，从这个宏大的市场中分一杯羹。

(3) 归纳总结获得信息的途径，体会分析信息要注意的事项，善于从信息分析中获得有效信息为自身发展服务。

2. 在现实需求中寻找创业机会。

谁抓住了现实需要，谁开发出适合消费者需要的产品，谁推出了消费者满意的服务项目，谁就抓住了商机。通常我们可以通过市场细分法和观念细分法来考量现实需求中的商机。所谓市场细分法，就是根据消费者购买行为与购买习惯的差异，把一个动态的市场整体划分为若干个不同的消费者群体，找出市场空白点，并进一步筛选出最适合自己的市场空白点，商机就在这个“空白”中。所谓观念细分法，就是将顾客的想法、认识、观念进行仔细的划分，寻找市场消费的“盲区”，再把这个“盲区”的需求和所提供的产品或服务进行关联，通过一定的营销方式，用所提供的产品或服务去激活这个“盲区”，使之上升为购买欲望或动机，并在满足了该需要的基础上，不断诱导、启发新的需求。观念细分的核心思想就是在营销观念上永远领先于消费观念，主动地、超前地满足尚未表现得很强烈的各种消费欲望或需求意识。

**体验活动三　策划成立汽车美容与养护店**

**活动目的：**

通过活动培养在现实需求中寻找商机的能力，提高开发适合消费者需要，满足市场需求的产品或服务的能力。

**活动实施：**

(1) 首先思考哪些人能买得起车，车主在有洗车需要时会考虑哪些因素。

(2) 洗车过程中车主会有哪些顾虑，怎样通过提高业务水平和服务质量来消除车主的后顾之忧。

(3) 思考采取哪些措施可以提升品牌影响力，通过提供哪些特色服务来留住回头客和吸引新客户。

**体验活动四　策划成立一家文具店**

**活动目的：**

通过活动培养在现实需求中寻找商机的能力，提高从现实需求中找到创业项目的能力，并思考在经营过程中应该如何创造新的商机，开发出适合消费者需要、满足市场需求的新产品或新服务。

**活动实施：**

(1) 首先分析消费人群对文具需求的种类，确定经营的主要品种。

(2) 细分各种不同的消费群体对文具的不同需求，扩大经营品种，分析顾客的消费习惯对购买文具的影响，思考通过什么方式能更好地满足顾客的实际需要。

(3) 思考如何向顾客推广一些新的文具，让顾客主动地、超前地使用新产品。

3. 在观念改变中寻找创业机会。

观念的改变就意味着机会的来临，新的经济条件、新的经济形势，必然会产生新的观念，就能在新的观念中发现很多以往不会出现的机遇。尤其是在当前我国经济转型时期，新材料、新科技的层出不穷，必然会带来很多新的消费观念的出现，这为新产品、新服务的出现和推广提供了可能，也就为创业者提供了创业的机会。

**体验活动五　策划成立一家体育运动培训机构**

**活动目的：**

从现代人对体育运动观念的改变中寻找潜在的创业机会，体验如何从观念的改变中发现商机。

**活动实施：**

(1) 全面了解体育运动与身体健康的内在联系，掌握各项体育运动与年龄的关系，寻找最有市场需求、适合大众进行的体育运动项目。

(2) 分析一般人在进行体育运动时最需要提高的关键，整理出进行培训的内容和重点。

(3) 思考培训机构的选址应考虑哪些因素等。

**体验活动六　现场考察超市**

**活动目的：**

从超市的发展过程中去思考如何在人们消费观念改变的过程中去寻找商机，从超市所提供的产品变化、摆放位置中去体会消费观念的改变是如何影响超市产品结构调整的。

**活动实施：**

(1) 考察镇上某一中等规模的超市，了解其店面装修的改变是如何迎合人们消费观念的改变的。

(2) 了解超市中产品的包装与消费观念改变之间的关联，从超市所提供的产品变化中去体会消费观念的改变是如何影响超市产品结构调整的。

(3) 了解超市中货品的摆放与需求的关系等。

4. 在差异中寻找创业机会。

市场供需平衡是相对的，不平衡是绝对的，不平衡就存在差异，这种差异就是市场的潜力所在。如果能够找到产生差异的原因，那你就会去寻找弥补差异的方法，捕捉到市场中存在的差异，也就捕捉到了商机，也就找到了创业的方向。

**体验活动七 调研对比家庭装修公司的差异**

**活动目的：**

通过对高、中、低三种不同层次的家庭装修公司的市场定位以及市场占有情况的分析调研，归纳出这三种家庭装修公司市场定位的差异以及这种差异与市场占有情况之间的关联。

**活动实施：**

(1) 对这三种层次装修公司的客户群体进行调查，分析促使客户选择某一装修公司的主要原因。

(2) 分析总结三种层次的装修公司各自客户群体的共性，并比对各自公司的市场定位，思考如果要进一步开拓市场，该怎么去寻找潜在的客源。

(3) 思考房价的变化对三种层次装修公司业务的影响程度，并分析在高房价的社会背景下，三种层次的家庭装修公司该如何调整各自的市场定位，以获得更大的市场占有率。

**体验活动八 调研分析家庭装修公司的发展过程**

**活动目的：**

通过对一家家庭装修公司发展过程的调研，分析该公司是如何把握市场需求的差异，在市场变化中通过哪些方法不断满足这种差异的需求，从而使自己发展壮大。

**活动实施：**

(1) 对公司不同阶段客户群体的信息进行分类统计，寻找不同阶段客户群体的特征。

(2) 详细了解公司在不同阶段的不同经营策略，分析这种经营策略是如何与客户群体特征相适应的。

(3) 思考如果在现阶段进入这个行业，如何把握和利用这家公司在发展过程中可能出现的市场缝隙，使自己新办的公司生存发展下去。

## 二、大学生常见的创业项目

创业是极具挑战性的社会活动，是对创业者自身智慧、能力、气魄、胆识的全方位考验，当前大学生进行的创业活动多为创办私营中小企业，通常以草根型创业和模仿型创业为主，也有部分复制型创业（家庭经济境况比较好的）、安定型创业（主要是继承家族小企业），不提倡冒险型创业。一方面是因为创办私营中小企业进入门槛低、承担的市场风险小，更重要的是当前私营中小企业已经成为我国国民经济发展的重要力量，对社会经济的发展发挥着不可替代的重要作用，对于吸纳新增就业人员、启动民间投资、优化经济结构、加快生产力发展、满足社会需求等方面具有重要的现实意义。

### （一）大学生的创业模式

大学生的创业模式，按照大学生参与创业的时间可以划分为以下三种：兼职创业、休学创业和大学毕业后创业。

1. 兼职创业。

兼职创业是指学生不放弃或中断自己的大学学习而采取的在课余时间从事创业活动的创业模式。这种模式要求学生在创业的同时不能影响大学课程的学习，因此选取此种模式的创业者，在创业活动中所涉及的行业通常都是对创业者时间投入要求较灵活的行业，而创业者本人对于学习和创业的时间、精力安排必须合理，否则将会是一事无成。

2. 休学创业。

休学创业是指学生为了创业而申请休学从事创业活动的一种模式。这种模式受教育体制的影响较大。因为我国高校中现在还有很大一部分实行的是学年制或不完全学分制，学生由于创业提出的休学申请很难获得批准。这种现状的改变还需要社会、学校对大学生创业认识的进一步加强和教育体制改革的进一步深化。目前我国创业大学生中采用此种模式的比例很小。

3. 毕业后创业。

毕业后创业是指大学生在结束大学课程之后走上创业的道路，选择此种模式的大学生的动机通常都是出于自我实现或就业的需要。这种模式对于高等教育的冲击较小，而且创业者在接受高等教育的过程中，实践能力、自身知识水平等各方面素质也会有较大提高。从大学生的从业意义角度来讲，这种模式的大学生创业对于社会经济发展和缓解大学生就业压力的作用明显。因此，这种模式应该是高校大力提倡和引导的。

### （二）适合大学生自主创业的领域

适合大学生创业的项目主要集中在以下 4 个领域。

1. 高科技领域：软件开发、网页制作、网络服务、手机游戏开发、医疗器械等。
2. 智能服务领域：家教中介、培训机构、设计工作室、翻译事务所等。
3. 连锁加盟领域：快餐店、家政服务、校园小型超市、数码速印店等。
4. 社会服务领域：人口密集度高的学校和居民区周边地区的餐厅、咖啡屋、美发屋、文具店、书店等。

### （三）适合大学生自主创业的项目

在校大学生由于社会经验少，对市场经济中企业的竞争压力感受不够，在校创业时通常都需要借助外部资源，或自身特长、或学校品牌、或家庭背景、或过程相对简单的服务项目。下面给在校大学生介绍几种合适的创业项目。

利用优势的服务项目：家教服务中心、成人考试补习、会议礼仪服务、收出版社退书、发明家俱乐部、速记训练经营、出租旅游用品等。

借助学校品牌的项目：各类教育与培训、成熟的技术转让、各种专业的咨询等。

可以独立运作的专业项目：可以拆分开的业务、图书制作前期工作、各类平面设计工作、各种专项代理业务等。

相对简单的对外合作项目：婚礼化妆司仪、服装鞋帽设计、各类信息服务、主题假日学校等。

小型多样的经营项目：手工制造、特色专柜、网络维护、体育用品等。

下列的相关创业项目可供大学生在自主创业初期选择项目时参考。

1. 餐饮加盟。

如今餐饮企业竞争已经不再直接以产品与产品间的竞争来表现，而是以品牌竞争的形式体现出来。换句话说，当消费者决定进餐时，他往往要先决定去哪家酒店或餐厅吃，然后才决定吃什么；即使他先做出了吃什么的决定，也必须决定在什么地方吃。因此，选择一家拥有良好知名度和优秀企业品牌形象的餐饮连锁特许商，是创业成功的必要条件。

2. 服装加盟。

服装品牌加盟，一般品牌公司会定期招商，品牌越好的公司，越允许一个地方有多家销售店，所以如果资本不是非常雄厚，最好找品牌中等的公司加盟，收的费用一般不高，甚至不用收，且一般会保证一个地方只有一家销售店，这样，竞争也不会那么激烈。当然在加盟前要多了解这个品牌已加盟的其他经销商，这样会让你加盟以后能更加得心应手。

3. 饰品加盟。

一般说来，饰品的利润保持在50%～200%。也就是说进货价格在4元的东西定价大概是6～12元。如此巨大的利润当然是绝大多数小本投资者的首选。

4. 婴幼用品加盟。

儿童是世界的未来，大人往往愿意投资在孩子身上。因此关于儿童的产业就发展起来了，一般的童装店童鞋店已经非常红火，那些有特色的店就更不用说了。比如关于童装的折扣店、韩装店总是人头攒动，另外孩子的玩具和教育也是让创业人士垂青的领域，不可小觑。超过半数的中国城市家庭，孩子每月花费占家庭总收入的20%以上，44%的家庭每月用于养育子女方面的费用为500～1 000元。这对创业者来说应该是一个非常巨大的创业市场。

5. 保健产品。

21世纪，物质生活水平全面提高，人们健康意识空前高涨。加上生活节奏加快、工作紧张，巨大的压力折磨着人们的神经，很多人因此饮食睡眠无规律，亚健康开始群体性爆发，有人估计保健产品的潜在市场价值至少应在117 000亿美元，这应该是一个非常有潜力的市场。

6. 汽车用品。

据预测，国内汽车市场10年内将会继续高速发展，与汽车行业相关的配件、维修、美容也同样会有利可图。汽车工业每投入1元，就能带动24～34元人民币的汽车售后消费，前景十分广阔。入行者除具备一定的资金实力外，还要有一支专业的服务队伍，没有行业经验的入行者，可以先选择有规模、品牌好的连锁企业加盟，共同发展。

7. 现代家具产品。

人每天忙碌过后，最后都会去哪里？家！随着现代人对生活享受的不断追求，家成了他们每天忙碌过后的安乐窝，因而对家居生活用品尤其是对家具的需求，从原来的竹木家具，演化出现在各种各样的家具产品，其中的现代家具产品都以时尚和个性为特色，满足了年青一代消费者的消费需求，以适应他们对轻松、休闲、随意的现代生活方式的追求。

8. 个性 DIY 文化。

随着人们物质生活水平的不断提高，人们开始追求精神生活，当人们看惯了社会上千篇一律的东西时，开始琢磨自己动手做一件自己想要的 DIY 作品，所以就产生了手工 DIY 行业。个性 DIY 行业推销的是情感消费，可以从以下几个方面着手。

(1) 爱情消费：处于热恋的情人，是时尚的首选追随者，对时尚的热情高于普通人，对时尚的资金投入和时间投入，往往处于非理性状态，只要是符合恋人心情的礼物，价钱再贵，他们都舍得出手，往往一单生意胜过其他好几单。因此下力气抓好情侣生意，可以给经营店带来意想不到的财源。

(2) 亲情消费：作为亲情礼物，现在人们普遍提倡自己动手制作，摒弃了过去买高档现成品的陋习，更讲究一种实惠和情调，而时尚手工就特别符合这种需求。另外由于现代都市生活限制了人们的动手机会，时尚手工也就成了体现真情流露的一种手段。

(3) 友情消费：同学、朋友之间的礼品馈赠，贵重与否并不重要，重要的是要更能准确地传达赠送者的内心。个性 DIY 无限丰富的品种世界，完全可以满足这种友情传递的深层需求。友情类礼品是个性 DIY 市场的重要组成板块，特别是毕业礼品、寒暑假礼品，都是扩大收入的重要途径。

(4) 心情消费：对一些人说，DIY 手工纯粹是一种情绪、一种自我放松、一种自我陶醉的方式。这类人喜欢时尚手工，完全是因为心情的需要，既不为朋友，也不为亲人，纯粹是因为自己喜欢，这种人大多数是性情中人或时尚先锋人士，他们一旦喜欢上时尚手工，往往都会忘情，并沉湎进去，继而成为时尚手工发烧友，成为时尚手工忠实的消费者。

根据多年来大学生创业或成功或失败的案例，还得提醒有创业计划的在校大学生在自主创业初期选择创业项目时，务必注意以下两点：

第一，在选择创业项目上，应从自己比较熟悉的行业入手。创业初期，不能盲目搞多元化，而要突出企业的专业性。

第二，在学习知识的过程中，不要忽视社会实际经验的积累，要围绕自己的职业生涯规划使各方面知识系统化，为下一步的自主创业打下坚固基石。

**体验活动九　在某高校内成立一家饰品公司**

**活动目的：**

通过体验活动帮助学生寻找商机，提高学生分析市场、分析消费者心理、抓住社会时尚的能力，综合考量学生的智慧、能力、魄力与胆识。

**活动实施：**

(1) 考察消费人群对饰品消费的目的，分析消费人群对饰品需求的消费能力和档次需求，对所提供的商品进行合理定位。

(2) 了解所需各项饰品的批发价格，对各大批发市场所能提供的产品进行逐次比较，确保质优价廉，选择最优的进货渠道。

(3) 店面的选择与装修要体现高校特色，体现年轻人追求时尚的特征。

（4）要考虑部分学生的个性需求，提供个性化产品供学生选择。

（5）最好印名片，以增加同学们的信任度，当然必须保证你的商品是货真价实的。

**体验活动十　策划在某创业园内成立一家数码产品公司**

**活动目的：**

通过体验活动帮助学生分析自身的各种条件和优势，使学生对初创公司前期运作的过程有一初步的感性认识，提高学生对公司进行合理的市场定位、处理公司经营与管理、员工管理与激励等方面的能力，帮助学生更好地了解相关政策，充分利用政策进行经营活动。

**活动实施：**

（1）首先要了解创业园区对入驻企业的相关要求，了解创业园区对自主创业公司的政策优惠以及国家政策在创业园区的落实情况，了解园区对入驻企业的日常管理规定等。

（2）重点考虑合作团队的组建，要注意人员特长的互补和优化，并制定公司管理的相关规章制度。

（3）思考如何突出公司优势，挖掘优质稳定的长期客户，在经营过程中打造公司品牌，扩大产品的市场占有率。

（4）思考在常规营销模式的前提下，如何利用网络进行宣传推广，如何与营销的产品进行价值捆绑，实现共同进退。

## 拓展知识

### 一、成功创业者的6个基本因素

#### （一）评估市场机遇

企业成功发展的第一大前提是市场拥有企业发展的足够机遇，所以成功的第一步是要对市场机遇进行客观评估和准确判断。这包括收集以下这些资料：市场规模数据、成长潜力、驱动因素、毛利状况、可持续性、竞争对手分析等。企业如果想以超乎常规的速度成长，首先要选择一个快速成长的市场，选取一个生命周期处在高速成长阶段的行业，并以超越市场发展的速度做好准备。

世人艳羡的成功企业家们，实际上大都备尝艰辛。他们的创业史有着一定的共性，其经验教训对拟创业者有很大的指导价值。要白手起家创造一份能够持续成功的常青基业，大致需要以下一些元素：创业者需要拥有产业理想、激情和领导才华，要具有使团队创造出比独立个体之和更高价值的能力；创业者需要为企业设立一个具有挑战性但又可行的远景目标；他必须能凝聚和激励一群杰出的、承担主要责任的团队；他应该给予团队足够的空间去发挥才能；企业所提供的产品和服务必须满足市场和社会的某种特定需求，并成功地在客户心目中形成物超所值的印象；企业与员工之间的相互协同，必须足以使产品和服务明显地优于客户可以选择的其他产品和服务。

从以上几点可以看出，创造一家成功而卓越的企业绝对是一项复杂而艰辛的系统工程。

（二）避开意识误区

目前许多人对于创业的理解存在着一定的误区。

**误区一：创业的目标是一夜致富**

一夜发家致富的故事不断地流传，书店中也充斥着成功企业家如何一朝抓住机会成功致富的案例分析，以及教人如何短时间致富的书。但许多人却不知道现在的成功人士在没有成功以前经历了多少艰辛和波折，更不知道导致他们成功的关键点是什么。许多人很喜欢读成功名人的传记，希望从他们的经验中汲取养分，但在杨斌和周正义大肆讲述自己成功心得的时候，谁又会想到背后完全不同版本的故事。

所谓成功企业和成功企业家对自己的经验总结与现实往往是两回事，自传中充斥着炒作和宣传的成分，回忆录中往往省去了一些不为人知的关键点。所以照单全收的读者往往会被误导。事实上因为存在很大的风险，创业不是所有人都适合选择的道路。据统计，美国每年有大约 200 万家新创企业，其中 70 万成功地完成注册，可能有成长的机会，成功注册的公司 8 年后生存的只有 50%。

创业是一个艰辛的历程，初创阶段的企业所面对的困难往往令创业者的个人和家庭生活都受到影响，财政上承受着巨大压力，万一创业失败还要承担失败所带来的一系列后遗症。所以，所谓的白手起家，是创业者运用自己有限的资源，自发性地利用市场机遇发展事业所面对的一场硬碰硬的战争。这场硬仗打赢了固然可以带来财富，但创业者在实施的过程中还有许多随之而来的东西，包括心理的压力、焦虑、挫折、喜悦、无助、成功的满足感、付出代价时的痛苦等，酸、甜、苦、辣是每个创业人所必经的历程，所以有些人事后才发现，他们宁可追求更平凡、更安稳的生活。

**误区二：资本是创业唯一需要的资源**

资金并非创业唯一需要的资源，对于有些行业而言甚至不是最重要的资源，市场上充斥着缺乏出路的资金，所缺的是懂得有效运用它们的公司和企业领导人。白手起家的人往往缺乏资源的支持，资金只是这种资源的组成部分，其他还包括以下的一系列资源：客户基础，供应商支持，有能力的员工和团队支撑，品牌和声誉，技术和服务支持体系，生产工艺流程等。

创业者应该在创业前就学会如何在非常有限的资源下作战，提早进行充足的准备和积累。其中一个好办法是在没有正式下海之前尽量在目前的工作中模拟，使自己适应将来需要面对的相似环境，以上资源的积累需要一个过程，企业家的成熟需要付出代价；每个人的成长都要交学费，初创的企业由于资源有限注定了难以承受大的失误，没有多少资源可供浪费。而这些代价通常是要付出的，所以如果不在创业前交足够的学费（类似工作中所经历的失败教训、从中获得的感悟等），很可能会在创业初期栽跟头，也可能导致初步成功后的滑铁卢。

**误区三：钱是创业者的唯一目标**

白手起家的人是拥有某种类型价值观的人，首先他们都具有企业家的价值观，他们既是理想主义者又是现实主义者。创业者实现自我价值的方式是通过发现市场的某一特定机遇，然后去建立一个组织去实现，并通过推出新的产品和服务去满足社会或市场的特定需求。他们都是一群不甘于平凡、愿意为追求理想而付出代价的人，这个理想并不是钱本身，但由于创业者所从事的是商业活动，钱是他们的成绩单和里程碑。钱不是企业存在的唯一目标，单纯追求利润（尤其是短期利润）的企业是难以长久的。

**误区四：追求短期成功的快乐**

成功需要天时、地利、人和以及足够的运气。不要小看运气，如果时运不佳，再出色的企业家也得在困难中挣扎。创业之路就像走一条漆黑的隧道，在看到曙光前都将会是一片黑暗。看到光明前的心理承受能力和实现理想的执著，是决定成败的重要因素。真实的创业故事都不是一帆风顺的，你必须在创业前积累足够的资源，令你能撑到成功的那一天。许多人抱怨被房子、车子的贷款捆住，家庭无法承受创业的风险。事实上在买房、买车时，你就应该考虑对以后造成的影响，创业是很早就应该考虑的一项人生目标，其他的家庭决策都要与之相配，创业是一项系统工程。

（三）把握创业关键点

创业的话题已经谈得太多太多。在美国，创业是企业管理中的一个学科，可以拿学士和硕士学位，这说明白手起家是一门科学，是可以通过有效的规划和训练提高成功率的。

洞察力决定着你对创业关键点的把握。敏锐的洞察力有时候是天生的，但更多是后天培养的。真正伟大的领导者大都拥有敏锐的眼光。在企业没有成功前，周围人甚至企业员工都不理解，也许最主要的原因是因为其他人往往未能或者不愿意投入同样的时间和付出同样的代价，去领悟别人无法看到的事物和真理。创业是一种牺牲，因为创业者必须舍弃一些东西来换取远景目标的实现。

二十多年前，乔布斯（Steven Jobs，苹果电脑现任总裁）的嗅觉意识到他们在车房中组装的个人电脑会改变世界。他放弃大学学业去追求自己的梦想，从而造就了全球个人电脑行业和曾经是全球第二大的电脑公司；苹果电脑成功后，由于在公司发展远景方面与董事会发生冲突，乔布斯被迫出售股份离开苹果，但他没有放弃自己的远景目标，凭着自己的力量苦苦支撑了10年，几乎耗光了自己的积蓄，终于创造了一系列新的电脑技术平台和商业模式，并在10年后成功挽救濒临破产的苹果电脑。乔布斯虽然不是最成功的企业家，但却是全球最有洞察力的企业家。

（四）公仆意识

企业管理中有“利益关联者”的概念，指的是企业如果要长期生存和发展，就必须充分照顾和考虑包括客户、员工、政府、供货商、股东等各种利益关联者的利益需求，这些都是社会的组成部分。支撑着他们的力量是一种强烈的责任感和使命感，杰出的领导人往往具有远见卓识，在很早的时候就能预见到市场和事物发展的趋势，并很早就做准备和积累。

（五）关键时刻抓住机遇

抓住机遇很重要，任何人的成功都离不开机遇，所以在机遇没有来临的时刻应及早地做好准备。英国首相丘吉尔曾经说过：“每个人一生中都会有一次或多次他梦寐以求的机遇来临，但可悲的是，这一机会来临的时候，你发现自己没有能力抓住它。”就像赛场上的运动员，人们只知道他们在成功夺冠一刻的荣耀和光辉，却忽视了赛场下无数的艰苦训练。

对创业来说，最难的是赚取第一桶金，完成资本的原始积累。赚取第一桶金之所以困难在于两方面：企业要是能完成资本原始积累，就说明企业的业务模式和运营系统已经经过市场检验，开始迈向成熟了，所以要达到这一境界相当不容易；在缺乏充足资本支撑的情况下，企业的发展要相对困难得多，因为这就要求企业在方方面面都做得非常优秀，不能有丝毫的瑕疵。

事实上许多白手起家的创业成功者都曾或多或少地依赖过婚姻、家族所带来的一些特殊资源的协助。善于利用身边资源使之成为你事业的助力是快速成功的捷径。

（六）从老板角度考虑现在的工作

最近几年，一批受过现代企业制度和企业文化洗礼的职业经理人，因不同的契机和动机，走上了创业之路。这些经过外资企业培训和熏陶的职业经理人的创业成功率并不高，真正能大展宏图、开创一片天地的人并不多，大部分人在遭受了挫折之后，重新成为职业经理人。

职业经理人虽然接受过完整的企业管理培训，其知识和经验是企业家不可或缺的，但职业经理人和企业家本来是两种不同价值观的人（在中国特别明显，在美国由于整个社会崇尚创业文化，这种区别会小一些），职业经理人更倾向于作为企业的一分子，担任好管家的职能，但创业者则倾向于开拓新的领域，探索新的模式，他们必须愿意承担更大的风险。国际大企业培养出来的职业经理人习惯于在资源比较充足的环境中生存，在一个单纯依赖个人力量、资源稀缺、一人身兼几种职能的环境下显得比较吃力。创业者在担任职业经理人时，应当尽量从老板的角度考虑现在的工作，尽量使自己习惯在资源缺乏的环境下工作，这样可以大幅提高以后创业的成功率。

经常听到企业家们发牢骚，说生意越来越难做了，事实上这是因为：市场供应过剩、竞争越来越激烈了；竞争对手的手段和能力越来越强了；客户的要求越来越高、选择也越来越多，对信息的掌握也越来越充分；通过特权或者关系赚钱的手段越来越不管用了。创业者在对未来的规划中需要更加细腻的部署，过去的成功者有相当一部分是依靠敢想敢干，把握机遇，巧妙地获取了稀缺资源（土地、配额、物资、关系等）或在某些方面享有特权，但未来20年要白手起家，以上的手段已经不够了，新一代的创业者需要更深厚的知识和能力、更高的道德标准、更充分多元的准备和资源支撑。

## 二、成功创业的十大心理

（一）诚信——创业立足之本

市场经济已进入诚信时代，作为一种特殊的资本形态，诚信日益成为企业的立足之本与发展源泉。创业者品质决定着企业的市场声誉和发展空间。不守“诚信”或可“赢一时之利”，但必然“失长久之利”。反之，则能以良好口碑带来滚滚财源，使创业渐入佳境。

（二）自信——创业的动力

人的意志可以发挥无限力量，可以把梦想变为现实。对创业者来说，信心就是创业的动力。要对自己有信心，对未来有信心，要坚信成败并非命中注定而是全靠自己努力，更要坚信自己能战胜一切困难。

（三）勇气——视挫败为成功之基石

成功需要经验积累，创业的过程就是在不断的失败中跌打滚爬。只有在失败中不断积累经验财富，不断前行，才有可能到达成功彼岸。美国3M公司有一句关于创业的“至理名言”：为了发现王子，你必须与无数只青蛙接吻。对于创业家来说，必须有勇气直面困境，敢于与困难“接吻”。

（四）领袖精神——创业的无形资本

企业成功离不开团队力量，但更多层面上取决于领导者本人。创业者是企业的一面精神旗帜，其一言一行都将影响企业的荣辱兴衰。企业文化被称作企业灵魂和精神支柱。而企业文化精髓就是创业者的领袖精神，这是凝聚员工的一笔“不可复制”的财富，更是初创企业生存和发展的关键。

（五）爱心——创业成功的催化剂

在竞争日趋激烈的今天，产品和企业的公众形象定位对创业成功与否起着关键作用。富有爱心则是构成诚实良好商业氛围的重要因素。从某种角度看，爱心是创业成功的“催化剂”。企业通过积极承担社会责任，热情支持公益事业，形成良好的社会口碑，反过来对企业的发展将产生强劲的支持作用。一位成功人士就曾感叹说，有时候花再多的钱做广告，不如多做一些对社会有益的事情，更能起到事半功倍的效果。

（六）社交能力——借力打力觅捷径

以往人们总是强调自主创业，但如今这种观念正在改变，人际关系在创业中的作用逐渐加大，人脉圈日益成为创业信息、资金、经验的“蓄水池”，有时甚至在商业活动中能起到四两拨千斤的神奇功效，目前“朋友经济”在招商中的作用日益显现。在当今提倡合作双赢的时代，过去那种单枪匹马的创业方式已越来越不适应时代需求。扩大社交圈，通过朋友掌握更多信息以寻求更大发展，日益成为成功创业的捷径。

（七）合作能力——趋时避害形成合力

携程计算机技术（上海）有限公司总裁季琦告诉青年创业者，“携程网”的成功，除了抓住当初互联网快速发展的契机，有一个良好的创业团队是关键。“携程网”的团队成员来自于美国Oracle公司、德意志银行和上海旅行社等，是技术管理、金融运作、旅游的完美组合，大家在一起创业，分享各自的知识和经验，同时也避免了很多创业“雷区”。

（八）创新精神——创业成功的维生素

在竞争激烈的市场中，缺乏创新的企业很难站稳脚跟，改革和创新永远是企业活力与竞争力的源泉。万科集团在1988年发行了内地第一份《招商通函》，目前该公司已成为全国房地产龙头企业和中国最具发展潜力的上市公司；上海复兴高科积极推进与数十家国有企业合资合作，用民营企业机制同国有企业资产实行有效嫁接……这些企业的成功，都离不开创业家挑战成绩、自我加压、勇于创新的精神。

（九）魄力——该出手时就出手

在创业界，往往是风险与机会并存。创业者必须善于发现新生事物，并对新生事物有强烈的探求欲；必须敢于冒险，即使没有十足把握，也应果断地尝试。

（十）敏锐眼光——识时务者终为俊杰

生意场上，眼光起了决定性作用。很多资金不多的小创业者，都是依靠准确抓住某个不起眼的信息而挖到"第一桶金"的。市场经济刚起步时，机会特别多，好像做什么都能赚钱，只要你有足够的胆量和能力。但如今每个行业、每个领域都有人做，激烈的市场竞争宣告"暴利时代"已经结束，取而代之的是"微利时代"。因此，创业机会必须靠创业者自己发掘。

**思考与训练**

仔细阅读并分析以下创业案例，宁康和李鹏的成功对你有哪些启示？

（提示：应该从多方面、多角度对案例进行深入系统的分析）

**案例**　青岛农业大学海都学院07级工程系机械专业宁康，与比他大一届的同系电器专业师哥李鹏曾是学校轮滑协会会员。两人在大学时代就有过实习经验——当过快递员，开过网店，卖过轮滑鞋，也算是小有名气。他们毕业后，琢磨自己创业。由于李鹏老家是滕州市，菜煎饼是滕州一道很知名的小吃。经过一段时间的市场考察后，他们发现菜煎饼不仅味道好，而且价格便宜，一张饼5元到8元不等，操作简单，投资风险也不大，很受一些大学生的青睐，是最合适的投资项目。于是两人亲自到滕州专门学习了一个礼拜的菜煎饼制作工艺，决定在距离学校500米的莱阳市文化路上开一家以招揽学校学生顾客为主的"菜煎饼"店。

2010年9月，经过一番紧锣密鼓的准备，正宗的滕州"菜煎饼"店在二人的憧憬中正式开业了。二人既是店长，又是厨师、服务生，忙的时候就叫几个同学来帮忙。早晨5点多钟就起床忙活，累了，两人就吃个煎饼，喝点热开水；晚上10点多才下班，如果太晚，干脆就打个地铺在店里睡。"菜煎饼"店的开张，在海都学院引起了一阵轰动，不少大学生纷纷来品尝购买。附近的山东中医药高专、莱阳师范学校的学生也慕名而来，最多一天卖出300多张饼，毛收入2 000块左右。"我们能做出15种菜煎饼，做饼的一些关键原料如麻辣鲜、鸡精、孜然等，虽然莱阳这边也有，但我们都坚持从滕州那边购买，保持正宗原味，做生意要讲诚信！"老家是滕州的李鹏说，"我们在做煎饼的同时，还配上了奶茶、冷饮、冰激凌等，一开始80%的顾客都是学生，他们都愿意来坐着聊聊天，听听音乐，喝点冷饮，吃点煎饼。现在市民越来越多了，达到了40%，还有很多顾客开着车来买。

# 模块二 策划创业方案

## 项目五

### 设计创业计划

**学习目标**

通过本项目的学习与训练，使学生了解设计创业计划的意义，通过制订创业计划书来展现自己的创业计划，用以评价自己的创业项目是否能够创办，同时制订创业项目的行动方案。

**知识（技能）点**

1. 创业计划书的概念
2. 制订创业计划书的意义
3. 创业计划书的框架内容

## 引导案例

小王是某高职院校计算机专业的毕业生，在校期间，他和几个热爱网游的同学编写了一套游戏软件。毕业后，小王和同学打算自己创业，但由于缺乏资金，需引入投资。小王知道要引进资金，需要有一个完整的创业计划，通过一份创业计划书，把自己的产品优势、未来发展等内容都介绍清楚，这样才有考量的依据。小王想知道一份好的创业计划书的内容是什么，该怎样写呢？

**案例解析：**想要成功创业就必须有一个成熟的考虑，形成一份创业计划书。一份优秀的创业计划书往往会使创业者达到事半功倍的效果。

## 相关知识

### 一、创业计划书的概念

创业计划书也称商业计划书，是创业者全面描述计划经营业务的书面材料，通过对创业项目内部和外部因素的调研、分析，全面展示公司和项目目前状况、未来发展潜力以及具体实施计划。它是创业者对自己创业过程的一个完整的构想。

### 二、制订创业计划书的意义

1. 帮助创业者梳理思路、合理规划，进行自我评价——指南针。
2. 是创业者吸引资本及其他支持的必备材料——“敲门砖”和“通行证”。
3. 为创办企业的运作提供指导——对照表。

### 三、创业计划书的框架内容

1. 摘要。主要包括公司概况：公司名称、公司类型、注册地址、主要经营范围、产品/服务概况、市场机会；注册资金；商业模式（盈利模式）；投资收益评价。
2. 市场分析。主要包括：市场定位与目标客户、市场预测（市场占有率）、竞争分析、项目 SWOT 分析，重点是分析企业在行业的市场需求、市场容量以及发展趋势。
3. 营销策略。主要包括：产品特征、产品定价、销售渠道、宣传推广。
4. 人员与组织结构。主要包括：组织结构、管理团队、部门/岗位职责。
5. 财务分析报告。主要包括：固定资产、月原材料/商品采购成本、月销售与管理费用预测、启动资金需求、启动资金来源。
6. 月利润预测。以月为单位，预测企业的利润。
7. 风险分析与对策。对公司运营过程中可能遇到的财务、市场、技术、政策以及管理体制等方面的风险进行识别，并简要阐述相应的规避和防范措施。
8. 企业的愿景。企业及其内部全体员工共同追求的企业发展愿望和长远目标的情景式描述，对企业发展有导向功能，对员工有激励和凝聚作用，甚至可以包括企业文化建设等。
9. 附录。提供公司经营第一年利润表（预测）和第一年度的现金流量表（预测）。

### 四、写好创业计划书应注意的几个问题

1. 内容完整，结构清楚。
2. 客观，能说服观众。
3. 让技术上的外行也能看懂。
4. 写作风格前后一致。

## 任务实施

# 创业计划书

公司名称：____________

【联系人】

【职务】

【电话号码】

【传真号码】

【电子邮件】

【地址】

【邮政编码】

日期：　　年　　月　　日

1. 摘要

（1）公司概况

| 公司名称 | |
|---|---|
| 公司类型 | 有限责任公司　□个体工商户　□个人独资企业　□合伙企业<br>其他__________（打√选择） |
| 注册地址 | |
| 主要经营范围 | （与营业执照一致） |
| 产品/服务概况 | |
| 市场机会 | |

（2）注册资金

| |
|---|
| |

(3) 商业模式（盈利模式）

| |
|---|
| |

(4) 投资收益评价

<table>
<tr><td>总投资额（元）</td><td></td><td colspan="3">投资收益率（第一年）</td><td colspan="2">%</td></tr>
<tr><td rowspan="3">预期净利润（税后利润）</td><td rowspan="2">第一年</td><td colspan="2">第二年</td><td colspan="3">第三年</td></tr>
<tr><td>年增长率</td><td>%</td><td colspan="2">年增长率</td><td>%</td></tr>
<tr><td></td><td></td><td></td><td colspan="2"></td><td></td></tr>
<tr><td rowspan="3">备　注</td><td colspan="6">投资收益率＝净利润÷总投资额×100％</td></tr>
<tr><td colspan="6">预期净利润——第一年：见经营第一年利润表</td></tr>
<tr><td colspan="6">此表中“总投资额”项的金额等于资金需求合计</td></tr>
</table>

2. 市场分析

(1) 市场定位与目标客户

| 市场定位 | |
|---|---|
| 目标客户 | |

(2) 市场预测（市场占有率）

| |
|---|
| |

(3) 竞争分析

| |
|---|
| |

（4）项目 SWOT 分析

| 优势<br>(Strengths) | 劣势<br>(Weaknesses) |
| --- | --- |
| 机遇<br>(Opportunities) | 威胁<br>(Threats) |

3．营销策略

（1）产品特征

| 产品或服务种类 | 功　　能 | 特　　色 |
| --- | --- | --- |
| 产品一 | | |
| 产品二 | | |
| 产品三 | | |
| 产品四 | | |

（2）产品定价

单位：元

| 产品或服务 | 单　　位 | 单 位 成 本 | 同类产品市场零售单价 | 产 品 单 价 |
| --- | --- | --- | --- | --- |
| 产品一 | | | | |
| 产品二 | | | | |
| 产品三 | | | | |
| 产品四 | | | | |
| 合　计 | | | | |

（3）销售渠道

| 销 售 渠 道 | □面向最终消费者　□通过零售商　□通过批发商　（打√选择） |
| --- | --- |
| 选择该销售方式的原因 | |
| 与主要批发/零售商合作方式 | |
| | |
| | |

(4) 宣传推广

| 推广方式 | 主要内容 |
|---|---|
| 广告媒体 | |
| 网络推广 | |
| 促销活动 | |
| …… | |

4. 人员与组织结构

(1) 组织结构

| |
|---|
| |

(2) 管理团队

| 姓　名 | 年　龄 | 职　务 | 最高学历及专业 | 主要工作经历 | 优势专长 |
|---|---|---|---|---|---|
| | | | | | |
| | | | | | |
| | | | | | |
| | | | | | |
| | | | | | |
| | | | | | |
| | | | | | |
| | | | | | |
| | | | | | |
| | | | | | |

(3) 部门/岗位职责

| 部门/岗位 | 负责人 | 职责 |
|---|---|---|
| 总经理 | | |
| 总经理助理 | | |
| ____________部 | | |
| ____________部 | | |
| ____________部 | | |

5. 财务分析报告

(1) 固定资产：

单位：元

| 项目 | 原值 | 月折旧率(%) | 月折旧金额 | 备注 |
|---|---|---|---|---|
| 生产工具和设备 | | | | |
| 办公家具 | | | | |
| 电子设备 | | | | 电脑、打印机、复印机、传真机、电话机等 |
| 交通工具 | | | | 汽车 |
| 店铺/厂房 | | | | 租房，此项空白 |
| 合计 | —— | —— | | |
| 备注 | 折旧率标准参看根据2009-06-23颁布的《企业所得税法实施条例》；<br>月折旧率＝1/折旧年数/12； | | | |

(2) 月原材料/商品采购成本

单位：元

| 名称 | 数量 | 单价 | 小计 |
|---|---|---|---|
| | | | |
| | | | |
| | | | |
| 合计 | | | |

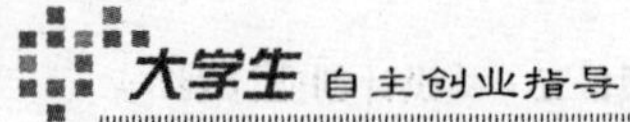


（3）月销售与管理费用预测

单元：元

| 类　别 | 科　目 | 金　额 |
|---|---|---|
| 销售费用 | 宣传推广费用 | |
| 管理费用 | 场地租金 | |
| | 员工薪酬 | |
| | 办公用品及耗材 | |
| | 水、电、交通差旅费 | |
| | 其　他 | |
| 财务费用 | 利　息 | |
| 合　计 | | |

（4）启动资金需求

| 类别/项目 | | 金额（元） | 备　注<br>（对主要费用及其他重要事项说） |
|---|---|---|---|
| 固定资产购置合计 | | | |
| 开办费 | 工商注册、税务登记费 | | |
| | 市场调查费、差旅费、咨询费 | | |
| | 各种许可证审批费用 | | |
| | 支付连锁加盟费用 | | |
| | 其他费用 | | 例：培训费、资料费、买无形资产费用 |
| | 合　计 | | |
| 流动资金 | 原材料/商品采购 | | |
| | 场地租金 | | |
| | 员工薪酬 | | |
| | 办公用品及耗材 | | |
| | 水、电、交通差旅费 | | |
| | 其他费用 | | |
| | 合　计 | | |
| 总计 | | | |

（5）启动资金来源

单位：万元

| 筹资渠道 | 资金提供方 | 金额 | 占投资总额比例 |
|---|---|---|---|
| 自有资金 | 股东 | | % |
| 私人拆借 | 亲属、朋友 | | % |
| 银行贷款 | 银行 | | % |
| 政府小额贷款 | 政府相关部门 | | % |
| 总计 | —— | | % |

6. 月利润预测

单位：元

| 项目 | | 本期金额 |
|---|---|---|
| 一、主营业务收入 | | |
| 加：其他收入 | | |
| 减：主营业务成本 | 生产/采购成本 | |
| 营业税金及附加（按5.5%计算） | | |
| 变动销售费用 | 销售提成 | |
| 固定销售费用 | 宣传推广费 | |
| 管理费用 | 场地租金 | |
| | 员工薪酬 | |
| | 办公用品及耗材 | |
| | 水、电、交通差旅费 | |
| | 固定资产折旧 | |
| | 其他管理费用 | |
| 财务费用 | 利息支出 | |
| 二、利润总额 | | |
| 减：所得税费用（按25%计算） | | |
| 三、净利润 | | |
| 备注：员工薪酬包括企业主薪酬和职工薪酬，本计划书所提到的员工薪酬都符合该条件。 | | |

7. 风险分析与对策

| 创业风险 | 分　析 | 对　策 |
|---|---|---|
| 市场风险 | | |
| 资金风险 | | |
| 管理风险 | | |
| 环境风险 | | |
| 其他风险 | | |

8. 企业的愿景

| |
|---|
| |

9. 附录：提供公司经营第一年利润表和现金流量表

第一年度利润表（预测）　单位：元

| 项　目 | | 1月 | 2月 | 3月 | 4月 | 5月 | 6月 | 7月 | 8月 | 9月 | 10月 | 11月 | 12月 | 合计 |
|---|---|---|---|---|---|---|---|---|---|---|---|---|---|---|
| 一、主营业务收入 | | | | | | | | | | | | | | |
| 加：其他收入 | | | | | | | | | | | | | | |
| 减：主营业务成本 | 生产/采购成本 | | | | | | | | | | | | | |
| 营业税金及附加（按5.5%计算） | | | | | | | | | | | | | | |
| 变动销售费用 | 销售提成 | | | | | | | | | | | | | |
| 固定销售费用 | 宣传推广费 | | | | | | | | | | | | | |
| 管理费用 | 场地租金 | | | | | | | | | | | | | |
| | 员工薪酬 | | | | | | | | | | | | | |
| | 办公用品及耗材 | | | | | | | | | | | | | |
| | 水、电、交通差旅费 | | | | | | | | | | | | | |
| | 固定资产折旧 | | | | | | | | | | | | | |
| | 其他费用 | | | | | | | | | | | | | |
| 财务费用 | 利息支出 | | | | | | | | | | | | | |
| 二、利润总额 | | | | | | | | | | | | | | |
| 减：所得税费用（按25%计算） | | | | | | | | | | | | | | |
| 三、净利润 | | | | | | | | | | | | | | |

**第一年度现金流量表（预测）**　　　　单位：元

| | | 1月 | 2月 | 3月 | 4月 | 5月 | 6月 | 7月 | 8月 | 9月 | 10月 | 11月 | 12月 | 总计 |
|---|---|---|---|---|---|---|---|---|---|---|---|---|---|---|
| 月初现金 | | | | | | | | | | | | | | —— |
| 现金流入 | 现金销售收入 | | | | | | | | | | | | | |
| | 应收款收入 | | | | | | | | | | | | | |
| | 股东投入现金 | | | | | | | | | | | | | |
| | 借贷收入 | | | | | | | | | | | | | |
| | 其他现金收入 | | | | | | | | | | | | | |
| 现金流入小计 | | | | | | | | | | | | | | |
| 现金流出 | 生产/采购 | | | | | | | | | | | | | |
| | 销售提成 | | | | | | | | | | | | | |
| | 销售推广 | | | | | | | | | | | | | |
| | 税　　金 | | | | | | | | | | | | | |
| | 场地租金 | | | | | | | | | | | | | |
| | 员工薪酬 | | | | | | | | | | | | | |
| | 办公用品及耗材 | | | | | | | | | | | | | |
| | 水、电、交通差旅费 | | | | | | | | | | | | | |
| | 固定资产 | | | | | | | | | | | | | |
| | 借贷还款支出 | | | | | | | | | | | | | |
| | 其他支出 | | | | | | | | | | | | | |
| 现金流出小计 | | | | | | | | | | | | | | |
| 净现金流量 | | | | | | | | | | | | | | —— |
| 月底现金余额 | | | | | | | | | | | | | | —— |
| 备　　注 | | 净现金流量是指一定时期内，现金及现金等价物的流入（收入）减去流出（支出）的余额（净收入或净支出），反映了企业本期内净增加或净减少的现金。 | | | | | | | | | | | | |

**拓展知识**

## 一般创业过程

（一）确定项目

创业项目选择时必须要坚持以下几个原则。

1. 坚持新颖独特的原则。创业项目的发展前景和预期收益是决定投资商是否投入资金的关键因素，新兴的产业、独特的项目是创业成功的保证。

2. 坚持符合政策导向的原则。国家政策对于不同的产业，给予了不同的扶持和帮助，对于创业者来说，只有使自己创业的项目符合国家政策的导向，才能提高成功的机会。

3. 必须坚持单一集中的原则。创业初期，面对激烈的市场竞争，选择专一的发展方向和集中优势资源加以保障是十分必要的。

4. 坚持“不熟不做”原则。创业面临着极大的风险，创业的失败不仅会导致经济的损失，还可能给个人的信息的未来发展造成影响。因此，在创业项目选择上必须谨慎行事。

（二）筹集资金

1. 自筹资金：通过自己的能力和社会关系筹集资金的方式。
2. 内部集资：创业团队共同筹集资金的方式。
3. 租赁：经营性租赁和融资性租赁。经营性租赁：承租者只有使用权，并支付租金，到期后租赁物归出租者。融资性租赁：也称金融租赁或资本性租赁。
4. 银行贷款：信用贷款、抵押贷款、担保贷款。
5. 直接融资：股权融资、债权融资。
6. 风险投资：指专门对未上市的具有高成长潜力的新生中小企业的投资。
7. 寻求政策性帮扶：创业者善于利用政府扶持政策，从政府方面获得融资支持。

（三）组建创业团队

一个创业团队，一般需要包含三方面的人才：优秀的管理人员、专业的技术人员、精干的销售人员。组建团队时要考虑团队成员的知识结构、个性特征、价值观念以及团队的利益。

（四）选择创业地点

选择地点要考虑两个因素：是否有利于创业活动的开展，是否控制购买或租赁的费用。根据不同的项目对创业地点的敏感性不同，寻求比较优势。有些服务行业对地理位置有明确有要求，切不可“因小失大”。不同产业对地理位置的选择标准不同。

（五）确定企业形式

按照大学生创业的特点，选择将创办的企业形式，一般有：个体工商户、个人独资企业、合伙企业。

（六）创办企业注册

创办企业必须按有关程序注册。注册程序在项目三中的任务实施中已述，此处略。

（七）人员招聘与培训

根据企业的性质和用人的要求，可以凭公司相关证件到人才市场或劳动力市场设摊招聘需要的人员，并进行必要的岗前培训。

（八）开始创业

上述条件具备了，一般就可以开始创业了。

## 思考与训练

根据自己的实际情况，选择一个合适的创业项目成立模拟自主创业公司，完成模拟自主创业公司的创业计划书。

# 项目六

## 评估创业风险

**学习目标**

通过本项目的学习与训练，使学生掌握创业过程中存在的主要风险形式，通过对产品成本预算相关知识的学习，掌握成本费用和产品定价的关系；通过对营销4P理论的学习，懂得市场营销战略的理论和实践要点，掌握编制市场营销计划的方法；通过对初创企业战略规划知识的学习，提高企业业务拓展和长远发展的能力。

**知识（技能）点**

1. 自主创业风险的主要内容
2. 成本预算
3. 营销4P理论
4. 初创企业战略规划

## 引导案例

某市春花童装厂近几年沾尽了独生子女的光，生产销售连年稳定增长。谁料该厂李厂长这几天却在为产品推销、资金流动大伤脑筋。原来，年初该厂设计了一批童装新品种：有男童的香槟衫、迎春衫，女童的飞燕衫、如意衫，等等。借鉴成人服装的镶、拼、滚、切等工艺，在色彩和式样上体现了儿童的特点：活泼、雅致、漂亮。由于工艺比原来复杂，成本较高，价格比普通童装高出了80%以上，比如一件香槟衫的售价在160元左右。为了摸清这批新产品的市场吸引力如何，在春节前夕厂里与百货商店联合举办了“新颖童装迎春展销”，小批量投放市场十分成功，柜台边顾客拥挤，购买踊跃，一片赞誉声。许多商家主动上门订货。连续几天亲临柜台观察消费者反应的李厂长，看在眼里，喜在心上。不由想到，“现在都只有一个孩子，为了能把孩子打扮得漂漂亮亮的，谁不舍得花些钱？只要货色好，价格高些看来没问题，决心趁热打铁，尽快组织批量生产，及时抢占市场。”为了确定计划生产量，以便安排以后的月份生产，李厂长根据去年以来的月销售统计数，运用加权移动平均法，计算出以后月份预测数，考虑到这次展销会的热销场面，他决定生产能力的70%安排新品种，30%为老品种。2月份的产品很快就被订购完了。然而，现在已是4月初了，3月份的产品还没有落实销路。询问了几家老客商，他们反映有难处，原以为新品种童装十分好销，谁知2月份订购的那批货，卖了一个多月还未卖出三分之一，他们现在既没有能力也不愿意继续订购这类童装了。对市场上出现的近一百八十度的需求变化，李厂长感到十分纳闷。他弄不明白，这些新品种都经过试销，自己亲自参加市场调查和预测，为什么会事与愿违呢？

**案例解析：**该童装厂的产品销售从持续稳定增长到戛然而止，其主要原因出在向市场轻率地推出了与正常需求不相适应的“新产品”，并过快地将这些“新产品”取代原本畅销的老产品，以致造成目前的被动局面。

产品的适销既要考虑到产品的功能、质量、款式等使用价值，也应包括产品价格的适销。该厂的童装新品种虽然在款式上令人喜爱，但由于借鉴成人服装工艺，成本增加，定价太高，超过消费者愿意承担的范围。除了在特殊情况下的特殊需求以外，考虑到儿童正处于长身体阶段，童装的实际使用时间有限，而且每户家庭一般又都只有一个子女，因此，多数顾客虽然喜欢新款式，但都不愿意购买价格偏高的童装，这样就使该厂失去了最基本的，也是最主要的市场。

李厂长虽然对童装新品种预先也经过了市场调查与预测，但还是出现了事与愿违。究其原因在于运用市场调查与预测的方法不恰当。在运用时忽视了市场环境的一致性，对春节前的购销旺季的特殊销售状况和市场的正常销售状况不加区别，错误地估计自己产品完全适应了市场需求，销售量将继续增长，而忘记了时过境迁，消费者的购买动机和购买行为会发生变化，从而对企业产品的销售带来巨大影响。同时，该厂在进行产品销售预测时，简单地套用了加权移动平均法，而没有看到市场预测的基本条件已经发生变化。由于加权平均法对各期的销售量作了加权平均，从而会降低偶然性变化的影响程度，因而它主要适用于对销售比较稳定，基本上只受偶然性变化影响的销售状况进行预测。当销售状况受到必然性变化的影响时，就不能采用这种方法来进行预测。该厂在春节前生产销售的是老产品，而春节以后，根据春节这个特殊时期的销售状况决定主要生产销售新产品，该厂用老产品的统计资料来预测新产品的销售量，作为安排生产的依据，必然会得出错误的结论。

## 相关知识

### 一、正确认识大学生创业的风险

虽然大学生创业面临着许多机遇，但是大学生创业过程中也存在着诸多风险。创业者要认真分析自己创业过程中可能会遇到哪些风险，这些风险中哪些是可以控制的，哪些是不可控制的，哪些是需要极力避免的，哪些是不可控制的。通常讲，大学生创业的风险主要有以下 8 个方面。

1. 法律风险。目前，大学生创业过程中触犯法律的情况主要有两种：一是法律知识不足，犯而不知。大学生能力和经验不足，创业和经营方面的法律知识欠缺。在创业和经营中，没意识到潜在的法律隐患，当问题出现时，没有能力处理，而导致创业失败，甚至要承担刑事责任；或是被对方钻了空子，无法保护自身的合法权益，只能吃“哑巴亏”。二是忽视法律风险，明知故犯。大学生受过高等教育，他们中有些人对创业、经营相关的法律并非一点都不了解，但在实践中的众多环节上却忽视法律。在风险和利益同时存在的情况下，他们以赌博意识、投机心理和冒险行为替代理性的法律思维，做一些自认合理但不合法律规定的事，以致造成一些惨痛的教训。

2. 管理风险。创业失败者，基本上都是管理方面出了问题，其中包括：决策随意、信息不通、理念不清、患得患失、用人不当、忽视创新、急功近利、盲目跟风、意志薄弱等。特别是大学生知识单一、经验不足、资金实力和心理素质明显不足，更会增加在管理上的风险。

3. 资金风险。资金难筹几乎是每一个大学生创业者都会遇到的难题，银行贷款申请难、手续复杂，如果没有更广阔的融资渠道，创业计划只能是一纸空谈。资金风险在创业初期会一直伴随在创业者的左右，是否有足够的资金创办企业是创业者遇到的第一个问题。企业创办起来后，就必须考虑是否有足够的资金支持企业的日常运作。对于初创企业来说，如果连续几个月入不敷出或者因为其他原因导致企业的现金流中断，都会给企业带来极大的威胁。相当多的企业会在创办初期因资金紧缺而严重影响业务的拓展，甚至错失商机而不得不关门大吉。

4. 竞争风险。寻找蓝海是创业的良好开端，但并非所有的新创企业都能找到蓝海。更何况，蓝海也只是暂时的，所以，竞争是必然的。如何面对竞争是每个企业都要随时考虑的事，而对新创企业更是如此。如果创业者选择的行业是一个竞争非常激烈的领域，那么在创业之初极有可能受到同行的强烈排挤。一些大企业为了把小企业吞并或挤垮，常会采用低价销售的手段。对于大企业来说，由于规模效益或实力雄厚，短时间的降价并不会对它造成致命的伤害，而对初创企业则可能意味着彻底毁灭的危险。因此，考虑好如何应对来自同行的残酷竞争是创业企业生存的必要准备。

5. 团队分歧的风险。现代企业越来越重视团队的力量。创业企业在诞生或成长过程中最主要的力量来源一般都是创业团队，一个优秀的创业团队能使创业企业迅速地发展起来。但与此同时，风险也就蕴涵在其中，团队的力量越大，产生的风险也就越大。一旦创业团队的核心成员在某些问题上产生分歧不能达到统一，就极有可能会对企业造成强烈的冲击。事实上，做好团队的协作并非易事。特别是与股权、利益相关联时，很多初创时很好的伙伴都会闹得不欢而散。

6. 核心竞争力缺乏的风险。对于具有长远发展目标的创业者来说，他们的目标是不断地发展壮大企业，因此，企业是否具有自己的核心竞争力就是最主要的风险。一个依赖别人的产品或市场来打天下的企业是永远不会成长为优秀企业的。核心竞争力在创业之初可能不是最重要的问题，但要谋求长远的发展，就是最不可忽视的问题。没有核心竞争力的企业终究会被淘汰出局。

7. 人力资源流失风险。一些研发、生产或经营性企业需要面向市场，大量的高素质专业人才或业务队伍是这类企业成长的重要基础。防止专业人才及业务骨干流失应当是创业者时刻注意的问题，在那些依靠某种技术或专利创业的企业中，拥有或掌握这一关键技术的业务骨干的流失是大学生创业失败的最主要风险源。

8. 意识上的风险。意识上的风险是大学生创业团队最内在的风险。这种风险来自于无形，却有强大的毁灭力。风险性较大的意识有：投机的心态、侥幸心理、试试看的心态、过分依赖他人、回本的心理等。

当然，大学生创业过程中所遇到的阻碍并不仅此8点，随时都将可能面临灭顶之灾的风险。其中成本预算、营销策划、战略规划是我们在创业过程中必须加强学习、积极谋划的重要内容。

## 二、成本预算

### （一）成本与成本预算

成本是企业生产和销售产品或提供服务所产生的所有费用。无论何种类别的制造企业，都有材料、人工、水电、运输等项成本。

企业界有句至理名言是“利在于本”，即企业利润获得的关键在于成本控制。成本决定利润，降本才能增效。在产品质量相同的条件下，产品价格的高低是决定企业市场竞争力的主要因素，而决定产品价格高低的主要因素是产品成本的高低。

成本预算是计算生产销售一件产品或提供一项服务的总成本的方法。成本预算一般有四个步骤。

步骤一：计算直接材料成本。

步骤二：计算直接人工成本。

步骤三：计算间接成本。

步骤四：合计总成本。

成本预算可以帮助你的企业制定价格、降低和控制成本，为企业作出更好的决策，为未来制订计划。

### （二）成本计算

总成本＝直接成本＋间接成本

1. 直接成本。

直接成本是与企业生产或销售的产品或提供的服务有直接关系的所有成本。

直接成本＝直接材料成本＋直接人工成本

直接材料成本：即企业购买原材料所花的费用。这些原材料构成了生产和销售产品或提供服务的一部分，或与此有直接关系。

直接人工成本：即企业为生产产品或提供服务的工人或企业所支付的工资、薪金和福利等。（如果企业可以分清哪些人工对应哪些产品，则直接计入该产品成本。如果不能分清，则使用产品工时分配成本。）

2. 间接成本。

间接成本是除直接成本以外的用于经营企业的所有其他成本，如租金和水电费等，一般与一个特定的产品或服务没有直接关系。间接成本有时被称为管理费用或费用。

## 三、营销策划

### （一）营销策划的主要任务

企业营销的内容（标的物）主要有两个：企业生产的产品或服务、企业整体形象。树立企业整体形象的目的是提高企业的社会地位、提升企业的社会价值、扩大企业在市场上的影响力，也是为了更好地、更长远地营销企业生产的产品或服务。树立企业整体形象和营销企业产品（服务）分别有一系列的手段和工具，同时，也有它们通用的手段和工具。

1．企业产品营销策划任务。

首先，确定企业产品（服务）营销的主目标；其次，确定企业产品（服务）的市场定位（定位——拟在市场中传播的新取向）；再次，确定企业产品（服务）营销的全方位定位；最后，确定实现营销全方位定位的最佳模式。

企业产品（服务）营销的主目标一般有三种选择：

（1）提高市场占有率——把增加市场占有率（市场份额）作为主目标进行策划；

（2）追求利润最大化——把近期实现利益放在首位，一切以安全回收资金和价格理想为出发点；

（3）打败竞争对手——不遗余力地打败竞争对象。

确定实现营销全方位定位的最佳模式是指把各种可应用的促销理念与企业实际结合起来，多快好省地实现已经拟订的营销定位方案，典型的营销理念介绍如下：

（1）整合营销传播（IMC）——以建立长期的、互动式的、即时性的企业——客户沟通机制为核心的营销模式，互联网技术的发展推动着这种营销模式的应用。典型的口号有“客户决定一切”……

（2）服务营销——通过把无形的服务附加到产品中去，为客户提供超额价值，从而产生更好的销售效果的营销模式。典型的口号有“服务无止境”……

（3）关系营销——通过建立与保持企业与客户、政府、其他企业等社会各界的良好关系来促进销售。典型的口号有“关系就是生产力”……

（4）品牌营销——建立与利用企业品牌或产品品牌的影响力来进行产品（服务）营销。目前很多公司建立企业网络品牌，形成良好的网络口碑，典型的口号有“品牌是企业的生命”……

2．企业整体形象策划任务。

兼顾企业的现实市场利益和长远的战略利益，提高企业的知名度，提高企业的美誉度，提高客户的忠诚度。

广告是树立企业整体形象和企业产品（服务）营销必不可少的手段。

### （二）制定企业营销策划运用思路——4P定位理论

1．产品（product）定位——确定产品的内涵和外延。

企业从自身技术、人才、供应、生产、投入等条件出发，依据产品的市场定位，在产品的功效、品质、竞争性等方面，给产品在潜在客户的心目中确定最符合企业利益期望的位置，进而明确产品的内涵和外延。产品定位可以理解成市场需求充分、企业能力允许、竞争对手虚弱三条线的交叉点。

有了对市场的立体了解和掌握，接下来的问题是向市场投放什么产品。

产品内涵是有用性、物质性、附加属性的统一，它分三个层次。

(1) 核心产品，即产品给予客户提供的最基本的效用和利益。如，照相机的核心产品是纪念、回忆、喜悦和不朽。

(2) 形式产品，即产品的实体状态和劳务外观，是核心产品的载体，主要包括：品质、外观、特征、式样、品牌、包装、资格等。

(3) 附加产品，也称扩大产品，是在客户购买的同时获得的全部附加服务和利益的总和，如提供送货上门服务、安装维修保养、质量保证等。把确定了内涵的产品放到市场中进行产品定位时，一般要分三个层面去考虑：回答产品是否有用或产品是做什么用的（可用性定位）；回答是哪些人使用或人们怎么用这种产品（可能性定位）；回答比其他同类产品更好用之处（可行性定位）。

按照产品的可行性定位，充分应用有关技术、工艺进行新产品开发。同时，要立体地掌握产品的外延。在时间上明确产品的生命周期，在空间上要明确产品的组合。

产品的生命周期主要包括导入期、成长期、成熟期和衰退期。

产品组合主要有延伸产品线、扩充产品组合、缩减产品组合。延伸产品线主要包括三种形态：向上延伸（向高档）、向下延伸（向低档）、双向延伸（向高低档次）；扩充产品组合是指增加产品线或产品品目。有关产品组合的相关概念介绍如下：

产品线——出售给同一类顾客群的，规格、款式有所不同的一组产品。

产品品目——产品线内不同品种、质量、价格的特定产品。

产品组合的长度——产品品目的多少。

产品组合的深度——每一产品品目的规格、花色的多少，如一种牌子的牙膏有四种规格、五种品味，则该产品线的深度为20（=4×5）。

产品组合的广度——企业有多少条产品线。

产品组合的相关性——企业各个产品线在产、供、销等环节相互关联的程度。

包装也几乎成为产品的组成部分。包装策略有许多，典型的有：礼品包装、方便包装、成套包装、类似包装、文化包装、拆改包装、分量包装、安全包装、复用包装、回收包装、附赠包装、纪念包装等。

2. 价格（price）定位——确定产品价格的动态体系。

在确切了解产品的内涵和外延后，接下来就要给产品定价。企业依据客户承受能力、产品成本、竞争性产品的价格定位情况，为上市的产品确定当前价格、价格实现方式和价格变化的方向。总体上产品定价有三种方法。

(1) 成本导向法——按成本和预期的利润率确定价格。成本主要包括直接成本、间接成本、预期的销售成本。成本导向法又分三种方法：成本加成定价，即在单位产品成本上加百分比；盈亏平衡定价，考虑到销售额变化后，成本也在发生变化；边际成本定价，边际成本加边际预期利润计算销售价格。需求导向定价法——按客户的承受力来确定价格。

(2) 竞争导向定价法——依据竞争对手的产品定价来确定本企业的产品价格。

(3) 还要考虑产品占领市场的速度、产品与同类产品的关系，最终确定产品的价格。

下面是比较常用的策略：

(1) 快速撇脂策略，即高价格、高额促销投入，树立产品垄断形象或高档形象，实现快速占领市场，适合垄断性或先进性突出的产品；

(2) 缓慢撇脂策略，即高价格、低促销投入，缓慢占领市场，适合销售渠道专一，无竞争对手的产品；

(3) 快速渗透策略，即低价格、高促销投入，快速与客户见面，快速占领市场，适合竞争激烈、客户对价格敏感的产品；

(4) 缓慢渗透策略，即低价格、低促销投入，缓慢占领市场，适合市场庞大、客户对价格敏感的产品，靠竞争对手失误或耐心不足取胜。

如果出售的是产品组合，则可以考虑采取如下定价策略：

(1) 搭配定价——将多种产品组合成一套定价；

(2) 系列产品定价——不同档次、款式、规格、花色的产品分别定价；

(3) 主导产品带动——把主导产品价格限定住，变化其消耗材料的价格；

(4) 以附加品差别定价——根据客户选择附属品不同，而区别主导产品价格。

此外，还要考虑价格心理因素，如折扣、价格尾数、优惠等。

3. 渠道 (place) 定位。

营销渠道定位是指确定产品（服务）从生产者向消费者转移所经过的有形和无形的环节。有了产品，确定了价格，接下来的问题是通过什么途径把产品送到消费者的手中，这就是分销渠道定位需要解决的问题。

分销渠道有三种类型：企业自办的销售体系，如门市部、直销队伍等；受企业约束的销售机构，如代理商；不受企业约束的销售机构，如批发商、零售商、经销商等。产权不归企业所有的销售机构统称为中间商。

营销渠道的构成分三种情况：直接渠道和间接渠道（有中间商为间接渠道），长渠道和短渠道（按中间商串联多少），宽渠道和窄渠道（按中间商并联多少）。

有些企业产品的营销渠道较长，如企业—代理商—批发商—零售商—用户。

有些企业直接销售，主要包括：邮购、目录营销、电话订购、电视购销、电子邮件购销等。

4. 促销 (promotion) 定位。

为了开拓市场空间和层次、扩大产品销路，需要事先确定的，旨在向目标客户或渠道传递产品或企业及市场信息、激发客户购买或渠道进货的热情、促成客户购买或渠道进货行为的系统性方案。

产品通过渠道进入市场，如何具体地找到客户？找到客户后如何让他们购买产品？客户购买产品后能否还继续购买本企业产品？如何预防和消除意外隐患？如何实现销售稳定？这些都是促销定位需要解决的问题。

促销是传递产品信息，加强与消费者沟通，促进消费者购买的营销手段。促销不仅是指促销活动，而且是广义上的对消费者、终端、经销商、员工的一个促销组合。这样一个组合，构成了一个完整的促销。常见的促销方式如表 6-1 所示。

表 6-1 常见的促销方式（对消费者）

| 促销方式 | 特　　点 |
|---|---|
| 优惠券 | 通过邮寄等方式派发，凭券购买可获一定优惠 |
| 赠送商品 | 如买一送一 |
| 有奖销售 | 每购买一定金额的商品抽奖或兑奖 |
| 集点优惠 | 以会员卡按购买量计点，累计达到一定点数就给予奖励 |
| 明折优惠 | 现场打折、降价 |
| 包装促销 | 以包装物换取奖品、奖金 |
| 免费样品 | 街头派发，入户派送，食品免费品尝 |
| 广　　告 | 横幅、海报、招牌、陈列品、电视、网络、小册子、名片、标志品等 |
| 以旧换新 | 旧商品（如旧家电）回收抵价 |
| 现场加工 | 可组织参观生产、加工现场 |
| 限时特卖 | 在一定时段限量供应特价品 |
| 分期付款 | 常用于房屋、汽车等贵重商品 |
| 售后服务 | 如质量三包、培训顾客、热线电话 |

## 四、初创企业的战略规划

### （一）战略规划的内涵

所谓战略规划，就是制订组织的长期目标并将其付诸实施，它是一个正式的过程和仪式。一些大企业都有意识地对大约50年内的事情做出规划。制订战略规划分为三个阶段，第一个阶段就是确定目标，即企业在未来的发展过程中，要应对各种变化所要达到的目标。第二阶段就是要制订这个规划，当目标确定了以后，考虑使用什么手段、什么措施、什么方法来达到这个目标，这就是战略规划。最后，将战略规划形成文本，以备评估、审批，如果审批未能通过，那可能还需要多个迭代的过程，需要考虑怎么修正。

企业进行战略规划主要有以下目的：剖析企业外部环境，了解企业内部优势和劣势，帮助企业迎接未来的挑战，提供企业未来明确的目标及方向，使企业每个成员明白企业的目标，拥有完善战略经营体系的企业比没有该体系的企业有更高的成功几率。

### （二）确定公司战略目标的步骤

首先是确定战略目标，然后是制定战略规划，最后对制定好的战略规划文本进行评估、审批，如果有需要还要进行修改。这其中第一个步骤就是怎么确定企业的战略目标。确定战略目标的第一步是对企业的现状进行分析，最常见的是进行 SWOT 分析，所谓 SWOT 分析就是分析企业的优势、劣势、竞争对手是谁，以及竞争对手的长处和短处，机会在什么地方，市场状况，等等，然后基于分析的结果给出一个判断，主要是考虑在这样一个分析结果下，在未来的三年、五年（根据你制定战略规划的周期长短）如果企业不进行变革，那么企业的领导者或者股东们会不会满意？如果满意，就保持企业现有战略，不做变革；如果不满意，那么就要考虑在目前分析结果的情况下，企业可以对内部做哪些变革，再分析一下企业可以对外部做哪些变革，将内部和外部变革所能导致的结果与不变革的结果进行比较，寻找变化和差别，这些变化和差别是不是能使企业满意，最后再来决定是不是要变革，怎么变革，并确定变革的目标。当企业决定变革，而且考虑好怎样变革后，就把这些变革的决定写成正式的文件。

（三）初创企业的市场分析和战略规划

第一步，确定新创公司的市场在哪里。

这里一是要搞清楚市场是什么，二是要搞清楚是在市场中的价值链的哪一端。确定自己的市场在哪里，才能比较谁和你竞争，你的机遇在哪里。

第二步，分析影响市场的每一种因素。

知道自己的市场定位后，就要分析该市场的抑制、驱动因素。要意识到影响这个市场的环境因素是什么，哪些因素是抑制的，哪些因素是驱动的。此外还要找出哪些因素是长期的，哪些因素是短期的。如果这个抑制因素是长期的，那就要考虑这个市场还要不要做，还要考虑这个抑制因素是强还是弱。

第三步，找出市场的需求点。

在对市场各种因素进行分析之后，就很容易找出该市场的需求点在哪里，这就要对市场进行分析，要对市场客户进行分类，了解每一类客户的增长趋势。如中国的房屋消费市场增长很快，但有些房屋消费市场却增长很慢。这就要对哪段价位的房屋市场增长快，哪段价位的房屋市场增长慢做出分析，哪个阶层的人是在买这一价位的，它的驱动因素在哪里？要在需求分析中把它弄清楚，要了解客户的关键购买因素，即客户来买这件东西时，最关心的头三件事情、头五件事情是什么？

第四步，做市场供应分析。

即多少人在为这一市场提供服务，在这一整个的价值链中，所有的人都在为企业提供服务，因位置不同，很多人是你的合作伙伴而不是竞争对手。如奶制品市场中，有养奶牛的，有做奶产品的，有做奶制品分销的。如公司要做奶制品分销，那前两个上游企业都是合作伙伴。不仅如此，还要结合对市场需求的分析，找出供应伙伴在供应市场中的优劣势。

第五步，找出新创空间机遇。

供应商如何去覆盖市场中的每一块？通过这种分析能找出商机，这是新创公司必须要做的。若分析后得知，在关键购买因素增长极快的情况下，供应商不能满足它，那么新的创业模式正好能作补充，填补这一空白，这就是创业机会。这一点对创业公司和大公司是同样适用的，对一些大公司的成功退出也是适用的。对新创公司来讲，这就是要集中火力攻克的一点，也是能吸引风险投资商的一点。

第六步，创业模式的细分。

知道了市场需求、关键购买因素，以及市场竞争中的优劣势，就能找出新创公司竞争需要具备的优势，可以根据要做成这一优势所需条件来设计商业模式。对于新创公司来讲，第一步是先占领市场，这需要大量的合作伙伴，但随着公司的发展，自有的知识产权会越来越多，价值链也会越来越长。

分析自然就需要各种各样的信息，当然也需要正确的观念与思维模式，因此，创业商机的分析既不能缺少足够的信息收集，创业者自身也要具备够用的头脑。从难易程度上来看，信息收集可能更简单一些，毕竟如今是一个信息日益开放化的网络时代，而对于创业者自身的思维模式而言，平时的培养才是问题的关键。

## 任务实施

### 体验活动一　调研身边初创企业的成本预算情况

**活动目的：**

通过对身边初创企业的调研，加深对企业成本预算意义的了解，分析成本预算与商品定价的关系，提高对成本风险的理解，树立创业风险意识。

**活动实施：**

根据调研了解的情况，完成表6-2～表6-3，并对调研过程中的感想进行总结，与同学们交流分享。

**表6-2　预算项目表**

部门：　　　　单位：元

| 项　　目 | 金　　额 | 说　　明 | 直接成本/间接成本 |
|---|---|---|---|
| | | | |
| | | | |
| | | | |
| …… | | | |

制表人：　　　　制表日期：　　年　月　日

**表6-3　成本费用预算汇总表**

公司名称：　　　　单位：元

| 项　　目 | | | 月　　度 | 年　　度 |
|---|---|---|---|---|
| 成本 | 直接成本 | 直接材料成本 | | |
| | | 直接人工成本 | | |
| | 间接成本 | | | |
| | 小　　计 | | | |
| 合　　计 | | | | |

制表人：　　　　制表日期：　　年　月　日

### 体验活动二　调研身边初创企业的市场分析和战略规划

**活动目的：**

实践出真知。根据调研身边初创企业的市场分析和战略规划结果，加深自己对于现实中的初创企业在市场分析和战略规划方面现状的理解。

**活动实施：**

调研某创业园中的初创企业，了解它们在市场分析和战略规划方面付出的努力和现状，列举出你认为值得关注的要素，并作出小结，与同学们交流。

**体验活动三　拓展知识面**

**活动目的：**

以关键词为索引，通过查找资料拓展知识面，建立相关知识的自我应用架构，可以在短期内提升自己的学习能力和知识应用能力，从而迅速适应当下工作的知识储备要求，弥补自身的短板。

**活动实施：**

以“如何深层次理解企业战略管理”、“管理者的心智模式研究”、“竞争优势与核心竞争力”、“现阶段企业竞争战略的选择”、“怎样谋划企业的多元化战略”为关键词，通过网络或书籍，扩展相关知识面，并与同学们交流学习心得。

## 拓展知识

### 评估企业战略规划

第一步，对制订战略规划的背景情况进行评估。

这里的背景情况是指，对企业经营的历史是否提供了足够的背景资料，或者是否还需要补充更多的信息；宏观环境是否被充分地估计；另外，你的能力能否被透彻地审查，主要是指审查你规划的那些人有没有能力对你的能力给出一个客观充分的评估。

第二步，对有关商业机会进行评估。

这一步包括是否寻找到了最好的机会，所有的机会和不利的风险是否都能被识别出来。有时候目标看上去很完美，但是由于遗漏了对某些风险的考虑，最后可能导致很多目标无法实现。

第三步，对战略方案本身进行评估。

这主要是考虑两个问题：是否考虑了所有可能的战略方案？市场营销组合是从选择的战略方案中派生的吗？

第四步，对财务相关的情况进行评估。

例如：建议项目是否必要？是否提供合理的资金保证？财务资料是否清晰而连贯？特别是对于中短期的战略规划，更有必要把财务情况写得详细些。

第五步，对战略的可操作性进行评估。

写得好的战略规划应该具有可操作性，比如：执行标准和控制方法是否已经具备，是不是符合企业目标的要求；战略计划与现行员工的态度、兴趣与观念（即公司文化、形象）能否和谐共存，因为战略规划的实施必然导致一定程度的变革，那么这些变革所达到的目标和企业文化是否能和谐共存。例如：某著名 IT 企业曾经在最困难的时候制定过一个战略规划，规划中的一项变革实施是让所有的销售人员没有自己的办公桌，所有销售人员共享一个办公场地，当需要办公桌时，哪里有空位子就在哪办公。这项变革的目的是希望所有的销售人员尽量多地到社会上去跑单子，而不是坐在办公室里。这样一项变革和公司原有的企业文化有没有抵触？可以说肯定是有抵触的，但是关键是看这种抵触能否被接受，而且这种变革会产生什么样的效果，这是最重要的。另外，当意外情况发生的时候，这个战略计划是否具有防御能力。

## 思考与训练

王康的探索之路是大学生在校期间创业的常态之一。请根据以下案例，分析王康在每次操作项目之前和操作过程中，是如何进行市场分析的，是如何进行战略规划的。

**案例**

以包车为起点，以旅游为据点

王康，江苏连云港人，2011 年 6 月毕业于江苏技术师范学院市场营销专业。2009 年 9 月，王康成立了“1818 包车王”汽车服务公司，主要业务是组织常州大学生节假日回家包车。2010 年 5 月，王康等合资成立“常州市晨风旅行社有限公司”，主营旅游包车、野外拓展及票务代订等业务，目前公司已与浙江安吉县中南百草原、浙北大峡谷、天下银坑、藏龙百瀑、溧阳天目湖、南山竹海等景区建立常州高校市场战略伙伴关系，并在安徽桐城开发了自己的拓展基地。

在成长的迷雾中不断求索，在探索中寻找创业的立足点，王康试图找到一条通向未来的阳光大道。对他来说，探索成功的奥秘始终是个令人神往却又极富挑战性的人生课题。因此，对于创业，他总是有着一种难以割舍的情愫。用王康自己的话来说——“创业，我一直在路上。”

“不做无规划的事”一直是王康的座右铭。初入象牙塔，王康就为自己订立了大学四年必须遵守的生活准则——不虚度时光。

于是从大一开始，王康在大型超市做兼职促销员，在网络公司做电话营销工作，等等，力求通过社会实践积累丰富的职场经验。此外，王康瞄准校园市场锤炼自己的市场判断力和团队组织能力。大一下学期，跳蚤市场风行于校园，他批发小百货到校园出售，如脸盆、牙刷、书本等，都是日常生活和学习用品，为广大同学带来了便利。但这种“小打小闹”的批发零售商的角色带来的利润有限。既要忙于学习，又要频繁奔波于学校与批发市场之间，他的身体有些吃不消。面对这样“弃之可惜，食之无味”的市场，王康思索着改变的方法。在他的策划之下，实践协会于大二学年正式注册成立。协会成员集资批发轮流负责进货，大大节省了人力成本。协会聚集了一群志同道合的年轻人，大家同心协力寻觅商机，共同创造着一条“致富”路。

大三时，通过招新，实践协会发展壮大，成为拥有一百多人的团体。此时，王康团队将目标锁定在节假日学生包车业务上。2009 年 9 月，他成立了“1818 包车王”汽车服务公司，主要业务是组织常州大学生节假日回家包车。协会集众力筹集资金，将办公场地由校内迁到了学校附近的一个居民区。

为扩大“1818 包车王”汽车服务公司的知名度，协会成员在校园广做宣传，节假日前夕在宿舍门口、食堂门前都会有他们发海报的忙碌身影。团队成员分工协作，联系汽车服务公司，统筹调度车次，一切事务紧张有序地进行。截至大三寒假，协会已成功运送近 2000 名学生安全、方便地回家。

初战告捷，王康并没有沾沾自喜。2010 年春天，正值学生出游的黄金时节，“不安分”的王康又开始打起了“赚钱”的小算盘，承办了大学生包团春游的业务。因为有之前“包车”业务为基础，只需要招聘适量导游，一切事情便水到渠成。

在这之前，学校已经存在承办固定旅游项目的个人机构，那么怎样在“重重围堵”的市场中开拓出一条“康庄大道”呢？在分析了校园旅游业务的现状之后，王康果断决定开发多个线路，统一调配，以区别于竞争者承办单个旅游线路的“散户式”运营模式，力争做大校园旅游市场这块蛋糕。

优质的服务为团队招徕了更多的校内游客，取得了可观的效益；王康“乘胜追击”，将业务扩展至周边院校。2010 年春游这一季，王康团队在常州所有高校组织了近一百个班级出游，盈利近 5 万元。“1818 包车王”汽车服务公司声名远播，大家都戏称“‘1818’，要发要发，如雷贯耳”。

2010 年 5 月，为实现公司规模化运作，王康和另一个客运公司合资成立“常州市晨风旅行社有限公司”，同时在各大高校发展学生代理。此后，一提起春游，大家都会不约而同地说起“王康”。他成了大学城里不折不扣的名人。

2010 年春游，取得良好战绩的王康团队，决定在寒假期间大干一番。然而此时却发生了一件恶性竞争事件。那天，刚刚联系好包车事宜的王康，被几个“小混混”堵在了校外。原来，由于王康垄断了校内的包车及旅游市场，他们赚不到钱，才挟持了王康。经过反复掂量。王康决定放出一部分市场，大家每人分一杯羹，事情和平解决。他说，由于对方掀起事端，所以自己当时完全可以不退步，但“与人为善”始终是他的座右铭，欲先做事，必先做好人。由于处置妥当，王康团队寒假期间依然组织了近两千人次学生的出游，成绩卓著。

在创业之初，王康就有着成熟的规划——从业务范围来看，以包车为起点，打造优质的服务品牌，再以此为基点，向旅游行业的纵深方向发展。从地域范围来看，先占领本学校的市场，然后再向周边校园市场扩张，时机成熟，再向江苏其他的市县发展。成为高校旅游服务业第一人，是他的梦想。

记得俞敏洪说过，一块砖没有什么用，一堆砖也没有什么用，如果你心中没有一个造房子的梦想，拥有天下所有的砖头也是一堆废物；但如果只有造房子的梦想，而没有砖头，梦想也没法实现。王康，这个还未走出校门的年轻人，将心中的那些砖——比如包车、旅游，有机地堆砌整合起来，铸就着自己的梦想。所谓花开不限日，创业不限时。作为梦想的掌舵手，王康在商海中创造着自己的美好未来。

# 项目七

## 组建创业团队

**学习目标**

通过本项目的学习与训练，使学生了解创业团队的内涵、类型，懂得创业团队的互补，区分群体和团队，掌握组建创业团队的相关知识，为进一步学好本课程打下扎实的基础。

**技能（知识）点**

1. 创业团队的内涵及类型
2. 创业团队的互补

## 引导案例

很多创业者认为，好点子就是一切。李开复却认为，“真正改变一切的点子非常非常少。其实每个人如果仔细想想，都可能想出10到20个不错的点子，而且足够好到让‘风投’来投资，所以点子不是最值钱的”。

比点子更重要的是什么？李开复强调三点，一是在正确的时间做正确的事情；二是团队要非常的好，要看人；三是团队要有执行力，知道如何把一个点子落实下去。他举例说，如果20年前有人拿了谷歌的商业计划去投，会失败；如果15年前有人拿了Facebook的商业计划去投，也会失败。“今天他们成功了，是因为在正确的时间做了正确的事情，而不是点子本身改变世界。”

## 相关知识

### 一、什么是创业团队？

团队（team）是由少数具有技能互补的人组成，他们认同于一个共同目标和一个能使他们彼此担负责任的程序，并相处愉快，乐于一起工作，共同为达成高品质的结果而努力。在这个定义中，有5个重点：共同目标、成员“技能互补”、分担责任、工作相处愉快和高品质的结果。团队是个少数人的集合，保证相互交流的障碍较少，比较容易达成一致，也比较容易形成凝聚力、忠诚感和相互信赖感。但是，团队必定是以达到一个既定结果为最终目标，共同的目标是团队区别于群体的重要特征。团队就是合理利用每一个成员的知识和技能协同工作，解决问题，达到共同的目标的共同体。而创业团队，就是由少数具有技能互补的创业者组成，他们为了实现共同的创业目标和一个能使他们彼此担负责任的程序，共同为达成高品质的结果而努力的共同体。

**案例**

如何打造唐僧团队

《西游记》中的唐僧团队，虽然是虚拟的，但是师徒历经百险求取真经的故事不仅家喻户晓，而且是中国文化的集中代表。

这个团队最大的好处就是互补性，领导有权威、有目标，但能力差点；员工有能力，但是自我约束力差，目标不够明确，有时还会开小差。总的来看，这个团队是个非常成功的团队，虽然历经九九八十一磨难，但最后修成了正果。

阿里巴巴的总裁马云，就非常欣赏唐僧团队，认为一个理想的团队就应该有这4种角色。一个坚强的团队，基本上要有4种人：德者、能者、智者、劳者。德者领导团队，能者攻克难关，智者出谋划策，劳者执行有力。

唐僧是一个目标坚定、品德高尚的人，他受唐王之命，去西天求取真经，以普度众生，广播善缘。要说降妖伏魔的本领，他连最差的白龙马都不如，为什么他能够担任西天取经如此大任的团队领导？关键在于唐僧有三大领导素质：

首先，目标明确、善定愿景。

作为一个团队领导，能够为团队设定前进目标，描绘未来美好生活是必要素质。领导如果不会制定目标，肯定是个糟糕的领导。唐僧从一开始，就为这个团队设定了西天取经的目标，而且历经磨难，从不动摇。一个企业，也应选择这样的人做领导，团队的领导本身就是企业文化的传承者和传播者，只有他自己坚定不移地信奉公司的文化，以身作则，才能更好地实现团队的目标。

其次，手握紧箍，以权制人。

如果唐僧没有紧箍咒，估计早被孙悟空一棒打死，或者使唤不动他。这也是一个领导的必备技能，一定要树立自己的权威，没有权威，也就无法成为领导。但是唐僧从来不滥用自己的权力，只有在大是大非的时候，才动用自己的惩罚权，这对企业领导也是有借鉴意义的，组织赋予的惩罚权千万不要滥用，奖励胜于惩罚，这是领导艺术的基本原理。

最后，以情感人，以德化人。

最初的时候，孙悟空并不尊重唐僧，老觉得这个师傅肉眼凡胎、不识好歹，但是在历经艰险后，唐僧的执著、善良和对自己的关心也感化了孙悟空，让他死心塌地保护唐僧。作为一个团队领导，情感管理也是非常重要的，尤其在中国文化的大背景下。中国人往往是做生意先交朋友，先认可人，再认可事，对事情的判断主观性比较大。所以在塑造团队精神的时候，领导一定要学会进行情感投资，要多与下属交流、沟通，关心团队成员的衣食住行，塑造一种家庭的氛围。

孙悟空可称得上是老板最喜欢的职业经理人，之所以说老板最喜欢，不是因为孙悟空没缺点，很优秀，而是因为他能力很强，但有缺点。这才是老板最应该用的人才，为什么？假设一个人能力很强，人缘很好，理想又很远大，那么这样的人往往不甘人下，要么直逼领导位子，要么很容易另起炉灶。

孙悟空有个性、有想法、执行力很强，也很敬业、重感情，懂得知恩图报，是个非常优秀的人才。但这样的人才如何才能留住他，如何提升他的忠诚度，这要靠领导艺术，靠企业的文化。在《西游记》中，孙悟空被唐僧赶走过两次，第一次是刚刚认识不久，孙悟空打死了几个强盗，遭到唐僧斥责，结果孙悟空一生气，自己走了，但后来在东海龙王那里，看了一幅画，说的是张良三次为黄石老人桥下拾鞋，谦恭有礼，后被黄石老人授予天书，成就了张良传世伟业的故事，老龙王说："你若不保唐僧，不尽勤劳，不受教诲，到底是个妖仙，休想得成正果。"孙悟空一盘算，觉得有道理，自己被唐僧搭救，而且还可以变妖为仙，自己怎么能这么轻率地就走了呢？所以后来他又回到了唐僧身边。第二次被赶走是三打白骨精后，唐僧决意不能留他，悟空无奈，只好离去，但"止不住腮边泪坠，停云住步，良久方去"，他已经心系唐僧，一听说师傅有难，马上不计前嫌，重新回到团队中去，还要在东海里沐浴一下，生怕师傅嫌他。

唐僧用什么方法让孙悟空这么死心塌地？

首先得有规矩，得有紧箍咒。规矩是权威，唐僧如果没有了权威，估计孙悟空早不把他放到眼里了。同样地，企业的制度也要有权威，制度的执行一定要严格，不管刚开始推行的时候有多少阻力，但只要坚决执行下去，逐渐就会形成一种氛围与文化，让大家自觉地去遵守。

制度的力量是有限的，制度只能让员工不犯错，但要让员工有凝聚力，与企业同心同德，还要靠情感，唐僧就是靠他的情感管理，用他的执著和人品感化了孙悟空。

没有修成正果的目标和愿景，孙悟空也许中途就回去了；没有师徒的情分，估计孙悟空也不会这么卖命；当然，如果没有偶尔的紧箍咒，也许悟空早酿大错。

总的来说，作为企业领导，要用人为能，攻心为上。目光如炬，明察秋毫，洞若观火，高瞻远瞩，有眼光就不会犯方向性的错误。

## 二、创业团队组成要素（5P）

（一）目标（purpose）

创业团队应该有一个既定的共同目标，为团队成员导航，知道要向何处去。没有目标，这个团队就没有存在的价值。目标在创业企业的管理中以创业企业的远景、战略的形式体现。

（二）人（people）

人是构成创业团队最核心的力量。三个及三个以上的人就形成一个群体，当群体有共同奋斗的目标时就形成了团队。在一个创业团队中，人力资源是所有创业资源中最活跃、最重要的资源。应充分调动创业者的各种资源和能力，将人力资源进一步转化为人力资本。

目标是通过人员来实现的，所以人员的选择是创业团队中非常重要的一个部分。在一个团队中可能需要有人出主意，有人订计划，有人实施，有人协调不同的人一起去工作，还有人去监督创业团队工作的进展，评价创业团队最终的贡献，不同的人通过分工来共同完成创业团队的目标。在人员选择方面要考虑人员的能力如何，技能是否互补，人员的经验如何。

（三）创业团队的定位（place）

创业团队的定位包含两层意思：

1. 创业团队的定位。即创业团队在企业中处于什么位置，由谁选择和决定团队的成员，创业团队最终应对谁负责，创业团队采取什么方式激励下属。

2. 个体（创业者）的定位。即作为成员在创业团队中扮演什么角色，是制订计划还是具体实施或评估；是大家共同出资，委派某个人参与管理，还是大家共同出资，共同参与管理，或是共同出资，聘请第三方（职业经理人）管理。这体现在创业实体的组织形式上，是合伙企业还是公司制企业。

（四）权限（power）

创业团队当中领导人的权力大小与其团队的发展阶段和创业实体所在行业相关。一般来说，创业团队越成熟，领导者所拥有的权力相应越小，在创业团队发展的初级阶段领导权相对比较集中。高科技实体多数是实行民主的管理方式。

（五）计划（plan）

计划有两层含义：

1. 目标最终的实现，需要一系列具体的行动方案，可以把计划理解成达到目标的具体工作程序。

2. 按计划进行可以保证创业团队的顺利进度。只有在计划的操作下创业团队才会一步一步地贴近目标，从而最终实现目标。

## 三、创业团队的类型

从不同的角度、层次和结构，可以划分为不同类型的创业团队，而依据创业团队的组成者来划分，创业团队有星状创业团队（star team）、网状创业团队（net team）和从网状创业团队中演化而来的虚拟星状创业团队（virtual star team）。

### （一）星状创业团队

一般在团队中有一个核心人物（core leader），充当了领队的角色。这种团队在形成之前，一般是核心人物有了创业的想法，然后根据自己的设想进行创业团队的组织。因此，在团队形成之前，核心人物已经就团队组成进行过仔细思考，根据自己的想法选择相应人员加入团队，这些加入创业团队的成员也许是核心人物以前熟悉的人，也有可能是不熟悉的人，但这些团队成员在企业中更多时候是支持者角色（supporter）。

这种创业团队有几个明显的特点：

1. 组织结构紧密，向心力强，主导人物在组织中的行为对其他个体影响巨大。

2. 决策程序相对简单，组织效率较高。

3. 容易形成权力过分集中的局面，从而使决策失误的风险加大。

4. 当其他团队成员和主导人物发生冲突时，因为核心主导人物的特殊权威，使其他团队成员在冲突发生时往往处于被动地位，在冲突较严重时，一般都会选择离开团队，因而对组织的影响较大。

### （二）网状创业团队

这种创业团队的成员一般在创业之前都有密切的关系，比如同学、亲友、同事、朋友等。一般都是在交往过程中，共同认可某一创业想法，并就创业达成了共识以后，开始共同进行创业。在创业团队组成时，没有明确的核心人物，大家根据各自的特点进行自发的组织角色定位。因此，在企业初创时期，各位成员基本上扮演的是协作者或者伙伴角色（partner）。

这种创业团队的特点有：

1. 团队没有明显的核心，整体结构较为松散。

2. 组织决策时，一般采取集体决策的方式，通过大量的沟通和讨论达成一致意见，因此组织的决策效率相对较低。

3. 由于团队成员在团队中的地位相似，因此容易在组织中形成多头领导的局面。

4. 当团队成员之间发生冲突时，一般都采取平等协商、积极解决的态度消除冲突，团队成员不会轻易离开。但是一旦团队成员间的冲突升级，使某些团队成员撤出团队，就容易导致整个团队的涣散。

### （三）虚拟星状创业团队

这种创业团队是由网状创业团队演化而来，基本上是前两种的中间形态。在团队中，有一个核心成员，但是该核心成员地位的确立是团队成员协商的结果，因此核心人物从某种意义上说是整个团队的代言人，而不是主导型人物，其在团队中的行为必须充分考虑其他团队成员的意见，不如星状创业团队中的核心主导人物那样有权威。

## 四、创业团队的互补

创业团队的互补是指由于创业者知识、能力、心理等特征和教育、家庭环境方面的差异，对创业活动产生的不利影响，通过组建创业团队来发挥各个创业者的优势，弥补彼此的不足，从而形成一个知识、能力、性格、人际关系资源等方面全面具备的一个优秀创业团队。

### （一）创业团队互补的意义

从人力资源管理的角度来看，建立优势互补的创业团队是保持创业团队稳定的关键。研究表明，大多数创业团队组成时，并不是考虑到成员专业能力的多样性，大多是因为有相同的技术能力或兴趣，至于管理、营销、财务等能力则较为缺乏。因此，要使创业团队发挥其最大的能量，在创建一个团队的时候，不仅仅要考虑相互之间的关系，最重要的是要考虑成员之间的能力或技术上的互补性，包括功能性专长、管理风格、决策风格、经验、性格、个性、能力、技术以及未来的价值分配模式等特点的互补，以此来达到团队的平衡。

创业团队是由很多成员组成的，那么这些成员在团队里究竟扮演什么角色，对团队完成既定的任务起什么作用？团队缺少什么样的角色？候选人擅长什么，欠缺什么？什么样的人与团队现有成员的个人能力和经验是互补的？这些都必须首先界定清楚。只有利用角色理论挑选和配置的成员，才能做到优势互补，用人之长。因为创业的成功不仅是自身资源的合理配置，更是各种资源调动、聚集、整合的过程。

### （二）不同角色对团队的贡献

不同角色在团队中发挥着不同作用，因此，团队中不能缺少任何角色。一个创业团队要想紧密团结在一起，共同奋斗，努力实现团队的愿景和目标，各种角色的人才都不能或缺。

1. 创新者提出观点。没有创新者，思维就会受到局限，点子就会匮乏。创新是创业团队生产、发展的源泉。企业不仅开发要创新，管理也需要创新。

2. 实干者运筹计划。没有实干者的团队会显得比较乱，因为实干者的计划性很强。“千里之行始于足下”，有了好的创意还需要靠实际行动去实践。而且实干者在企业人力资源中应该占较大的比例，他们是企业发展的基石。没有执行就没有竞争力。只有通过实干者的踏实努力的工作，美好的愿景才会变成现实，团队的目标才能实现。

3. 凝聚者润滑调节各种关系。没有凝聚者的团队的人际关系会比较紧张，冲突的情形会更多一些，团队目标完成将受到很大的冲击，团队的寿命也将缩短。

4. 信息者提供支持的武器。没有信息者的团队会比较封闭，因为不知道外界发生了什么事。当今社会，信息是企业发展必备的重要资源之一。世界是开放的系统，创业团队要在社会中生存和发展，没有外界的信息交流，企业就成了一个自给自足的封闭小团体。而且，当代创业团队的成功更需要正确的、及时的信息。

5. 协调者协调各方利益和关系。没有协调者的团队领导力会削弱，因为协调者除了要有权力性的领导力以外，更要有一种个性的感召力来帮助领导树立个人影响力。从某个角度说管理就是协调。各种背景的创业者凝聚在一起，经常会出现各种分歧和争执，这就需要协调者来调节。

6. 推进者促进决策的实施，没有推进者效率就不高。推进者是创业团队进一步发展的“助推器”。

7. 监督者监督决策实施的过程。没有监督者的团队会大起大落，做得好就大起，做得不好也没有人去挑刺，这样就会大落。监督者是创业团队健康成长的鞭策者。

8. 完美者注重细节，强调高标准。没有完美者的团队的线条会显得比较粗，因为完美者更注重的是品质、标准。但在创业初期，不能过于追求完美；在企业的逐渐成长过程中，完美者要迅速地发挥作用，完善企业中的缺陷，为做大做强企业打下坚实的基础。现代管理界提出的“细节决定成功”观点，进一步说明完美者在企业管理和发展中的重要作用。

9. 专家则为团队提供一些指导。没有专家，企业的业务就无法向纵深方向发展，企业的发展也将受到限制。

在了解不同的角色对于团队的贡献以及各种角色的配合关系后，就可以有针对性地选择合适的人才，通过不同角色的组合来达到团队的完整。并且由于团队中的每个角色都是优点和缺点相伴相生，领导者要学会用人之长、容人之短，充分尊重角色差异，发挥成员的个性特征，找到与角色特征相契合的工作，使整个团队和谐，达到优势互补。优势互补是团队搭建的根基。

团队竞争是创业企业赖以战胜大企业的主要法宝。大企业可以聘用非常好的职业经理人，而在创业之初，创业企业则只能通过团队精神在人力资源上超过大企业。因此，寻找到好的优势互补的合作伙伴是创业成功一半的保证。当代社会，社会分工越来越细，最专业的事就要交给最专业的人去做，胜算才会更大；也只有优势互补的团队才能充分发挥其组合潜能，也肯定优于个人创业的单打独斗。

在一个创业团队中，成员的知识结构越合理，创业的成功性越大。纯粹的技术人员组成的公司容易形成以技术为主、产品为导向的情况，从而使产品的研发与市场脱节；全部是由市场和销售人员组成的创业团队缺乏对技术的领悟力和敏感性，也容易迷失方向。因此，在创业团队的成员选择上，必须充分注意人员的知识结构——技术、管理、市场、销售等，充分发挥个人的知识和经验优势。

**案例**

西游记团队成员角色分析

团队管理这一名词是随着工商管理的概念进入中国的，但实际上最早阐述团队理念的是中国，那就是我们早已熟知的《西游记》，这部书的本身就讲述了一个团队合作的深刻案例，但国人本身没有去深刻挖掘，倒是“洋人”们花了大量的工夫去研究。据说很多国外的学者、企业家从这部书里得到了团队管理的真谛，而且更有甚者，一位英国学者在读此书的时候，读到这样一个情节：孙行者揪下猴毛，霎时一吹，突然惊现一群小猴，这时英国学者大叹：“中国人真的是太聪明了，那个时候他们就有了‘克隆’观念，而且是用猴毛基因。”在为古代文化自豪的同时，我们就现代管理来谈谈企业中的西游记案例。

《西游记》中的师徒4人组织成一个团队，而现代管理中的团队概念认为团队就是由4个人或4～25人构成，看来我们的祖先已经认识到这一点，只是没有总结。那我们来分析一下他们的组织架构：首先肯定他们是一个成功的团队！

先分析唐僧，他是这个团队的最高领导，是决策层，在企业里面就好像是总经理等高层的管理人员，运用自己的强硬管理方式和制度（紧箍咒）来管理团队，并且通过“软权力”和“硬权力”的结合来调动整个团队。从根本上讲，几个徒弟很服从他，佩服他的学识（软权力），因为唐僧是当时名噪一时的佛学家，而且是个翻译。按现在衡量高层管理人员的标准，他是同声传译员而且是个工商管理硕士（如来佛主颁的），德高望重，绝对是个优秀的管理者，他领导团队去西天取经，并获得成功。

孙行者应该是这个团队中的职业经理人，具体一点就是部门经理，他本领高强，到哪里都能混口饭吃，而且此人社会关系和社会资源极其丰富，性格本身就是有点“猴急”。从个人素质上来说是非常优秀的，通常总经理（唐僧）布置的任务都能高效率地完成，而且处处留下美名，颇有跨国公司职业经理人的风范。当然他是完美的化身，但是我想所有的主管、经理应该向他看齐，因为他是优秀的。

八戒虽然不太受人喜欢，但是作为组织中的小人物，他本人还是有很多优点，而且许多方面还在团队中起了不小的作用，比如调节矛盾，运用公共关系的方法来协调众人之间的关系，这都是他对组织的贡献。他本人幽默、可爱，充当着组织润滑剂的角色，所以在组织中功不可没，没有八戒的团队是残缺的，而且也是不完美的。组织中的侧重沟通、协调关系的角色都类似于他，是极其重要的。用一句话来概括：八戒是公司中跨部门沟通的典范！

沙僧自不必说，他朴实无华，工作踏实，从企业的角度讲，他是“广大劳动者”，兢兢业业，是劳动的模范，他虽然没有职业经理人的风光与协调关系者的公关本领，但是他所做的工作却是最基础的，我个人认为，每一个人都应该学习他，主动挑起自己的责任，努力工作，为团队和组织做出自己的贡献。

白龙马，更是一个默默无闻的劳动者身份，任劳任怨，主要工作就是唐僧的司机兼座驾，偶尔在关键时刻挺身而出表现一下。

在认同他们优秀的同时，还是要认识到他们的缺点，比如唐僧本人性格优柔寡断、不明是非等；悟空个人英雄主义严重，无视组织的纪律和制度；八戒的缺点大家都已熟知；沙僧的缺点是缺乏主见，工作欠灵活性等。

## 五、群体与团队

群体是group，是一群人的集合体；团队是team，则是一群人的有机组合。作为一个团队，有其特有的三个特点，如果不具备，就只能说明这是一个群体。

### （一）自主性

如果你是一个领导或主管，出门以后手机一直在响，首先，这表面上看起来你很忙，其实不然，这只能说明这个单位或公司的权力总是抓在你的手上，要由你来决策，除非你拍板，这个事情没有人决定。其次，你一出来，“家”里面那些人做事情就令你非常担心，下面的人不能非常自动自发地把事情做好，也就是说自动自发的人是非常少，他们反而有一种被释放而获得自由的感觉，这当然说明这个单位或公司的自主性不好。

（二）思考性

一个单位的领导做决策肯定要有一定的依据，如果这些依据的70%都是来自基层，就说明这个团队注意员工的思考性。反之，如果这些意见都是来自中高层，没有对下面群众的意见进行调查，没有总结，则说明这个团队的思考性不强。

对于一个员工而言，如果领导安排你一个事情，譬如让你由北京运送一台台式电脑至上海，如果你仅回答用邮局运送，就可以说你的思考性不强。而作为一个优秀团队的员工是要进行思考，如果你思考后说，可以用空运、火车托运、邮局，甚至放在长途汽车上捎带过去等方法，并说出每种方法的优缺点，如价格、速度、安全，并拿出你的最佳方案给领导，这就说明你具备了在一个团队中生存的基本条件，当然还有其他条件。

（三）协作性

协作性是社会快速发展的必然要求。大家都听说过一些典故："一个和尚挑水喝，两个和尚抬水喝，三个和尚没水喝"，以及像"三个臭皮匠顶个诸葛亮"，还有"1+1不等于2"的道理，这都是是否有协作精神的具体体现。

## 任务实施

**体验活动一　组建模拟创业团队**

**活动目的：**

根据自己的兴趣和爱好，有针对性地选择一个模拟创业项目，组建一个模拟创业团队，增强创业团队意识。

**活动实施：**

通过讲演和选举的方式，全班选出4到6名创业领导人，然后创业领导人邀请余下的同学加盟这4到6个创业团队中。

**体验活动二　自我测试**

**活动目的：**

以下测验能帮助你检查自己是否具有团队技巧。

**活动实施：**

以下每一项都陈述了一种团队行为，根据自己表现这种行为的频率打分：总是这样5分，经常这样4分，有时这样3分，很少这样2分，从不这样1分。

当我是小组成员时：

1. 我提供事实和表达自己的观点、意见、感受和信息以帮助小组讨论（提供信息者）。

2. 我从其他小组成员那里征求事实、信息、观点、意见和感受以帮助小组讨论（寻求信息者）。

3. 我提出小组后面的工作计划，并提醒大家注意需完成的任务，以此把握小组的方向。我向不同的小组成员分配不同的责任（方向和角色定义者）。

4. 我集中小组成员所作的相关观点或建议，并总结、复述小组所讨论的主要论点（总结者）。

5. 我带给小组活力，鼓励小组成员努力工作以完成我们的目标（鼓舞者）。

6. 我要求他人对小组的讨论内容进行总结，以确保他们理解小组决策，并了解小组正在讨论的材料（理解情况检查者）。

7. 我热情鼓励所有小组成员参与，愿意听取他们的观点，让他们知道我珍视他们对群体的贡献（参与者）。

8. 我利用良好的沟通技巧帮助小组成员交流，以保证每个小组成员明白他人的发言（促进交流者）。

9. 我会讲笑话，并会建议以有趣的方式工作，借以减轻小组中的紧张感，并增加大家一同工作的乐趣（释放压力者）。

10. 我观察小组的工作方式，利用我的观察去帮助大家讨论小组如何更好地工作（进程观察者）。

11. 我促成有分歧的小组成员进行公开讨论，以协调思想，增进小组凝聚力。当成员们似乎不能直接解决冲突时，我会进行调停（人际问题解决者）。

12. 我向其他成员表达支持、接受和喜爱，当其他成员在小组中表现出建设性行为时，我给予适当的赞扬（支持者与表扬者）。

以上 1～6 题为一组，7～12 题为一组，将两组的得分相加对照下列解释：(6，6) 只为完成工作付出了最小的努力，总体上与其他小组成员十分疏远，在小组中不活跃，对其他人几乎没有任何影响。(6，30) 你十分强调与小组保持良好关系，为其他成员着想，帮助创造舒适、友好的工作气氛，但很少关注如何完成任务。(30，6) 你着重于完成工作，却忽略了维护关系。(18，18) 你努力协调团队的任务与维护要求，终于达到了平衡。你应继续努力，创造性地结合任务与维护行为，以促成最优生产力。(30，30) 祝贺你，你是一位优秀的团队合作者，并有能力领导一个小组。当然，一个团队的顺利运行除了以上两种行为以外，还需要许多别的技巧，但这两种最基本，且较易掌握。如果你得分比较低，也不要气馁，只要参照上面做法，就会有所提高。

## 拓展知识

### 如何防止创业团队破裂

创业团队的分裂始终是遗憾和无可奈何的事。防止创业团队散伙有以下一些办法可供参考。

1. 在理念上要正确。要坚信组织能够健康发展下去，不要一开始就想着失败，尤其不要用“只能共苦，不能共甘”、天下没有不散的宴席、过河拆桥等理念来支配自己的思想。脑子里根本不应有这种想法，有这种想法本身就为失败的结局埋下了种子。就像刚开始学习骑自行车一样，发现前面马路中间有一障碍，于是乎你越不想碰上石头，偏偏最后还是碰上了。

2. 持续不断地沟通。开始要沟通，遇到问题也要沟通，解决问题时也要沟通，有矛盾时更要沟通，多想有利于组织发展的事情。有不同的看法，不要在公开场合辩论，不要把矛盾展示给下属。

3. 发现小人钻空子，坚决开除。领导之间的矛盾不要让下属来评论，来解决。如果双方沟通有困难时，就主动寻找外方的力量，尤其双方都信得过的好朋友来解铃，但不要露出太明显的痕迹。如果发现组织中的小人来利用领导之间的矛盾分歧达到个人的目的和损害组织利益，那就毫不犹豫地坚决开除，不论他是什么人。

4. 就事论事。当双方矛盾冲突到两个阵营的矛盾，外力也不能解决时，应停止争论，停止人事波动，就问题来解决问题，不要就人来讨论。

5. 学会换位思考。多从对方的角度考虑问题，多为对方着想，凡是多些宽容，少些指责。

6. 丑话说在前面。最初创业时就把该说的话说到，该立的字据一定要立到。把最基本的责权利说个明白透彻，谁该做什么事，在什么时间完成，完成到什么程度。如果真正创业的话，股权、利益分配更要说清楚，包括增资、扩股、融资、撤资、人事安排、解散等。

7. 及时协调立据。任何事情都不可能在最初计划周全，事情是随时都有可能变化的，合作运营过程中，遇到新问题、新矛盾一定先说清楚立下字据再行动，千万不要先干再说，因为事情发生后都是朝着自己有利的一方考虑。先干再说，看似快了，其实埋下祸患的种子，将来就不是速度快慢的问题，而是风起云涌、企业组织颠覆性的运动的根源。

8. 不要太计较小事。难得糊涂对创业合作的各方都是保养自己心灵的鸡汤和企业组织运转的润滑剂，这与前面讲的丑话在前和及时立据看似矛盾，其实不矛盾，前者讲的是在没有形成事实的情况下的做法，后者是说事实已经形成了就不要太计较了。计较了也于事无补。其实，过后经常会发现双方的计较毫无实际意义。

9. 不要轻易地考验对方。创业者团队合作起来不是一件容易的事情，不考验还会出事，更何况有意考验对方时，对方肯定经不住考验，因为当你考验对方时，对方不知道，只能是顺着你设定的情景运行，结果肯定是和你设想的一致，没有经得起考验。如果对方知道你在考验他，那你也肯定考验不出来，因为他在心理上和行为上都进行了设防。所以既然是合作，就不要动辄考验考验对方，考验是以不信任为前提的。

10. 一直向前看。创业合作过程中，遇到问题矛盾应向前看，向前看利益是一致的，因为成功会给大家带来更丰厚的收获；盯住眼前的事情不放，只能是越盯矛盾越多，越盯矛盾越复杂，最后裹步不前；回头看，回忆起合作中的不愉快，会使你伤心，丧失前进的斗志和动力。只有向前看，才能使成功的希望激励着合作的各方摈弃前嫌，勇往直前，抵达成功的彼岸。

## 思考与训练

请根据以下材料写出你对创业合作须明确的7点的理解，并与你的同学交流看法。

### 创业合作明确七大要点

创业初期因为各种情况常常需要选择合作伙伴来共同创业，不论是因为有着共同的目的，还是因为互相信任；走在一起来合作经营一个项目虽然能解决很多问题，但同样这时候有很多的问题会产生，为了合作更加愉快和长久，为了长久目标的发展，我们应该注意以下几点：(1) 明确为什么我们选择合作；(2) 合作目的与目标；(3) 合作伙伴的职责；(4) 合作过程的投入比例利润分配；(5) 合作方的退出机制；(6) 合作过程摩擦的预防；(7) 合作之间建立商业信任。

# 项目八

## 培育企业文化

**学习目标**

通过本项目的学习与训练，使学生掌握企业文化的内涵和基本内容，深刻理解企业文化在企业发展过程中的重要功能，明确建设企业文化的重要作用，把握建设企业文化的原则与途径，掌握企业文化建设的目标和方法，培育有利于企业健康发展的企业文化，提升企业在市场经济中的竞争力。

**技能（知识）点**

1. 企业文化的内涵
2. 企业文化的功能
3. 企业文化建设的作用
4. 企业文化建设的原则与途径

## 引导案例

### 海尔的企业文化

1. 海尔企业文化的内涵

海尔文化是一种价值观，这个价值观的核心是创新。它是在海尔16年发展历程中产生和逐渐形成的具体特色的文化体系。海尔文化以观念创新为先导，以战略创新为保障，以市场创新为目标，伴随着海尔从无到有，从小到大，从大到强，从中国走向世界，同时海尔文化本身也在不断创新、发展。员工的普遍认同、主动参与是海尔文化的最大特色。当前，海尔的目标是创中国的世界名牌，为民族争光。这个目标使海尔的发展与海尔员工个人的价值追求完美地结合在一起，每一位海尔员工将在实现海尔世界名牌大目标的过程中，充分实现个人的价值与追求。海尔文化不但得到国内专家的高度评价，还被美国哈佛大学等世界著名学府列入MBA案例库。

2. 海尔精神与海尔作风

海尔精神：敬业报国　追求卓越

海尔作风：迅速反应　马上行动

3. 海尔理念

(1) 生存理念：永远战战兢兢，永远如履薄冰。

(2) 用人理念：人人是人才，赛马不相马；你能翻多大跟头，给你搭多大舞台。

(3) 质量理念：优秀的产品是优秀的人干出来的；高标准、精细化、零缺陷。

(4) 品牌理念：国门之内无名牌；如果在国内做得很好，不进入国际市场，那么优势也是暂时的；资本是船、品牌是帆、企业是人、文化是魂。

(5) 营销理念：先卖信誉，后卖产品。

(6) 市场竞争理念：打价值战、不打价格战。

(7) 竞争理念：只要比竞争对手高一筹，半筹也行；只要保持高于竞争对手的水平，就能掌握主动权。

(8) 市场理念：只有淡季的思想，没有淡季的市场；只有疲软的思想，没有疲软的市场。

(9) 出口理念：先难后易；首先进入发达国家，创出名牌之后，再以高屋建瓴之势进入发展中国家。

(10) 资本运营理念：东方亮了再亮西方。

(11) 海尔技术改造理念：先有市场，再建工厂。

(12) 技术创新理念：创造新市场，创造新生活，市场的难题就是我们创造新的课题。

(13) 职能工作服务理念：您的满意就是我们的工作标准。

4. 海尔对市场的三条原则

(1) 紧盯市场创美誉

(2) 绝不对市场说“不”

(3) 抱怨就是投诉

5. 海尔的创新观念

(1) 资源论：不在于企业拥有多少资源，而在于利用了多少资源。

(2) 源头论：每个人都有一个市场，每个人都是一个市场。

(3) 整合力：市场的整合力就是海尔的核心竞争力。

(4) 美誉度：海尔要的是市场美誉度。

(5) 吃“休克鱼”：吃“休克鱼”是海尔兼并扩张举措上的一种形象比喻。

(6) 国内不稳，国外不热：企业在国内市场没有竞争力，就不可能真正地进入国际市场。如果只在国内市场做得很好，不进入国际市场，优势也是暂时的。

(7) 海尔国际化的“三个三”。

①三个三分之一：国内生产国内销售三分之一；国内生产海外销售三分之一；海外生产海外销售三分之一。

②三位一体：技术开展中心、生产基地、贸易公司实行设计、制造、营销三位一体。

③三融一创：融资、融智、融文化，创世界名牌。

6. 海尔的形象用语

(1) 形象用语：真诚到永远。

(2) 各类产品形象用语：海尔冰箱——为您着想；海尔空调——永创新高；海尔冰柜——创造品位；海尔洗衣机——专为您设计；海尔电脑——为您创造；海尔彩电——风光无限；海尔热水器——安全为本；海尔电工——家务轻松；海尔国旅——诚信相聚；海尔软件——创新无限；海尔商用空调——承领时代新潮。

7. 海尔旗帜形象识别标志

图 8-1 为海尔方圆标志，意为“思方行圆”。方块在阵中排头，意为以它为基础向纵深发展代表着海尔的思想、理念、文化。它是一个中心，指导着周边圆点的组合，体现了思方行圆的思想，也意味着在工作中要将原则性和灵活性有机地结合起来，达到预定的目标和效果，同时也有发展无止境的寓意。在中国，人们把 3 认为上升，把 6 视为顺利，而 36 又暗含着足智多谋的意思，方圆组合正好 36，意寓海尔不断上升，不断发展。

图 8-1　海尔形象识别标志——旗帜

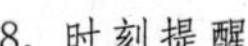

8. 时刻提醒

千里之行始于足下，世界名牌始于日清。

昨天的优势会变成今天的劣势，唯有动态的优势才是优势。

以定单为中心，以市场链为纽带，带动业务流程化。

一切结论产生在调查研究之后，而不是之前。

好的公司满足需求，伟大的公司创造市场。

只有创业，不能守业。

有了每一个人的国际化，才能保证海尔集团的国际化。

在国际市场竞争中取胜，第一是质量，第二是质量，第三还是质量。

质量不打折，服务不打折，信誉不打折。

在别人否定自己之前，先自我否定。

能够把别人认为简单的事成千上万遍都做到位，就是不简单。

昨天的成功与辉煌可能是明天成功的阻碍。

干部的目标：你的领导水平达到能够让下属在没有领导的时候仍能够正常工作。形成有活力的员工，有合力的组织。

创新的目标：就是创造有价值的订单。

创新的本质：就是创造性地破坏，破坏所有阻碍创造有价值订单的枷锁。

品牌是战胜经济衰退的唯一最有力的武器。

专注于用户需求，而不是专注于竞争对手。

在市场竞争中，你不可能应付和压倒所有的竞争对手，但是你可以领先于竞争对手。

如果你想等待无序竞争中的消亡，其结果只能是你和无序竞争一起消亡。

9. 问题警示录

终端的问题就是领导的问题。

看不出问题就是最大的问题。

重复出现的问题是作风上的问题。

10. 思想警示录

小胜即骄傲，大胜更骄傲。

能不能实事求是，是思维方式的问题，敢不敢实事求是，是思想境界的问题。

回答领导提问的四种答案只能选择其中一个：①是；②不是；③没有任何借口；④不知道（需要自己做的事必须马上“知道”）。

11. 海尔的个人修养

宠辱不惊，自强不息；得意不忘形，失意不失态；慎终如始，则无败事；胜人者有力，自胜者强。

12. 海尔的思想政治工作原则

三心换一心：解救疾苦要热心；批评错误要诚心；做思想工作要知心；用三心换来员工对企业的铁心。

## 相关知识

## 一、企业文化的内涵

### （一）企业文化的定义

企业文化一般是指在企业中长期形成的共同理想、基本价值观、作风、生活习惯和行为规范的总称，是企业在经营管理过程中创造的具有本企业特色的精神财富的总和，对企业成员有感召力和凝聚力，能把众多人的兴趣、目的、需要以及由此产生的行为统一起来，是企业长期文化建设的反映。企业文化包含价值观、最高目标、行为准则、管理制度、道德风尚等内容，它以全体员工为工作对象，通过宣传、教育、培训、文化娱乐、拓展、交心联谊等方式，以最大限度地统一员工意志，规范员工行为，凝聚员工力量，为企业总目标服务。

### （二）企业文化的内容

根据定义，可以发现企业文化所包含内容是十分广泛的，其中最主要的内容包括以下几点。

1. 经营哲学。

经营哲学也称企业哲学，是一个企业特有的从事生产经营和管理活动的方法原则，是指导企业行为的基础。一个企业在激烈的市场竞争环境中，面临着各种矛盾和多种选择，要求企业有一个科学的方法论来指导，有一套逻辑思维的程序来决定自己的行为，这就是经营哲学。北京蓝岛商业大厦就以“诚信为本，情义至上”的经营哲学为指导，“以情显义，以义取利，义利结合”，使之在创办三年的时间内营业额就翻了一番，跃居首都商界第4位。

2. 价值观念。

所谓价值观念，是人们基于某种功利性或道义性的追求而对人们（个人、组织）本身的存在、行为和行为结果进行评价的基本观点。可以说，人生就是为了价值的追求，价值观念决定着人生追求行为。价值观不是人们在一时一事上的体现，而是在长期实践活动中形成的关于价值的观念体系。企业的价值观，是指企业员工对企业存在的意义、经营目的、经营宗旨的价值评价和为之追求的整体化、个异化的群体意识，是企业全体员工共同的价值准则。只有在共同的价值准则基础上才能产生企业正确的价值目标。有了正确的价值目标才会有奋力追求价值目标的行为，企业才有希望。因此，企业价值观决定着员工行为的取向，关系企业的生死存亡。只顾企业自身经济效益的价值观，就会偏离社会主义方向，不仅会损害国家和人民的利益，还会影响企业形象；只顾眼前利益的价值观，就会急功近利，搞短期行为，使企业失去后劲，导致灭亡。北京西单商场的价值观念以求实为核心，即："实实在在的商品、实实在在的价格、实实在在的服务。"在经营过程中，严把商品进货关，保证商品质量；控制进货成本，提高商品附加值；提倡"需要理解的总是顾客，需要改进的总是自己"的观念，提高服务档次，促进了企业的发展。

3. 企业精神。

企业精神是指企业基于自身特定的性质、任务、宗旨、时代要求和发展方向，并经过精心培养而形成的企业成员群体的精神风貌。企业精神是企业员工观念意识和进取心理的外化，是通过企业全体员工有意识的实践活动体现出来。

企业精神是企业文化的核心和灵魂，在整个企业文化中起着支配的地位。企业精神以价值观念为基础，以价值目标为动力，对企业经营哲学、管理制度、道德风尚、团体意识和企业形象起着决定性的作用。企业精神通常用一些既富于哲理，又简洁明快的语言予以表达，便于员工铭记在心，时刻用于激励自己；也便于对外宣传，容易在人们脑海里形成印象，从而在社会上形成个性鲜明的企业形象。

4. 企业道德。

企业道德是指调整本企业与其他企业之间、企业与顾客之间、企业内部员工之间关系的行为规范的总和。它是从伦理关系的角度，以善与恶、公与私、荣与辱、诚实与虚伪等道德范畴为标准来评价和规范企业。

企业道德与法律规范和制度规范不同，不具有那样的强制性和约束力，但具有积极的示范效应和强烈的感染力，当被人们认可和接受后具有自我约束的力量。因此，它具有更广泛的适应性，是约束企业和员工行为的重要手段。

5. 团体意识。

团体即组织，团体意识是指组织成员的集体观念。团体意识是企业内部凝聚力形成的重要心理因素。企业团体意识的形成使企业的每个员工把自己的工作和行为都看成是实现企业目标的一个组成部分，使他们对自己作为企业的成员而感到自豪，对企业的成就产生荣誉感，从而把企业看成是自己利益的共同体和归属。因此，他们就会为实现企业的目标而努力奋斗，自觉地克服与实现企业目标不一致的行为。

6. 企业形象。

企业形象是企业通过外部特征和经营实力表现出来的，被消费者和公众所认同的企业总体印象。由外部特征表现出来的企业的形象称为表层形象，如招牌、门面、徽标、广告、商标、服饰、营业环境等，这些都给人以直观的感觉，容易形成印象；通过经营实力表现出来的形象称深层形象，它是企业内部要素的集中体现，如人员素质、生产经营能力、管理水平、资本实力、产品质量等。表层形象是以深层形象为基础，没有深层形象这个基础，表层形象就是虚假的，也不能长久地保持。流通企业由于主要是经营商品和提供服务，与顾客接触较多，所以表层形象显得格外重要，但这绝不是说深层形象可以放在次要的位置。

7. 企业制度。

企业制度是在生产经营实践活动中所形成的，对人的行为带有强制性，并能保障一定权利的各种规定。从企业文化的层次结构看，企业制度属中间层次，它是精神文化的表现形式，是物质文化实现的保证。企业制度作为员工行为规范的模式，使个人的活动得以合理进行，内外人际关系得以协调，员工的共同利益受到保护，从而使企业有序地组织起来为实现企业目标而努力。

## 二、企业文化的功能

研究企业文化，其目的是利用企业文化为企业的生存与发展发挥作用。那么，企业文化到底有些什么功能呢？

### （一）企业文化具有导向功能

所谓导向功能就是通过它对企业的领导者和员工起引导作用。企业文化的导向功能主要体现在以下两个方面。

1. 经营哲学和价值观念的指导。

经营哲学决定了企业经营的思维方式和处理问题的法则，这些方式和法则指导经营者进行正确的决策，指导员工采用科学的方法从事生产经营活动。企业共同的价值观念规定了企业的价值取向，使员工对事物的评判达成共识，有着共同的价值目标，企业的领导和员工为着他们所认定的价值目标去行动。事实上，一个公司缺乏明确的价值准则或价值观念不正确，人们就会怀疑它是否有可能获得经营上的成功。

2. 企业目标的指引。

企业目标代表着企业发展的方向，没有正确的目标就等于迷失了方向。完美的企业文化会从实际出发，以科学的态度去设立企业的发展目标，这种目标一定具有可行性和科学性。企业员工就是在这一目标的指导下从事生产经营活动的。

### （二）企业文化的约束功能

企业文化的约束功能主要是通过完善管理制度和道德规范来实现的。

1. 有效规章制度的约束。

企业制度是企业文化的内容之一。企业制度是企业内部的法规，企业的领导者和企业员工必须遵守和执行，从而形成约束力。

2. 道德规范的约束。

道德规范是从伦理关系的角度来约束企业领导者和员工的行为。如果人们违背了道德规范的要求，就会受到舆论的谴责，内心会感到内疚。

### （三）企业文化的凝聚功能

企业文化以人为本，尊重人的感情，从而在企业中造成了一种团结友爱、相互信任的和睦气氛，强化了团体意识，使企业员工之间形成强大的凝聚力和向心力。共同的价值观念形成了共同的目标和理想，员工把企业看成是一个命运共同体，把本职工作看成是实现共同目标的重要组成部分，整个企业步调一致，形成统一的整体。这时，“厂兴我荣，厂衰我耻”成为员工发自内心的真挚感情，“爱厂如家”就会变成他们的实际行动。

### （四）企业文化的激励功能

共同的价值观念使每个员工都感到自己存在和自己行为的价值，自我价值的实现是人的最高精神需求的一种满足，这种满足必将形成强大的激励。在以人为本的企业文化氛围中，领导与员工、员工与员工之间互相关心，互相支持，特别是领导对员工的关心，员工会感到受人尊重，自然会振奋精神，努力工作。另外，企业精神和企业形象对企业员工有着极大的鼓舞作用，特别是企业文化建设取得成功，在社会上产生影响时，企业员工会产生强烈的荣誉感和自豪感，他们会加倍努力，用自己的实际行动去维护企业的荣誉和形象。

### （五）调适功能

调适就是调整和适应。企业各部门之间、员工之间，由于各种原因难免会产生一些矛盾，解决这些矛盾需要各自进行自我调节；企业与环境、与顾客、与企业、与国家、与社会之间都会存在不协调、不适应之处，这也需要进行调整和适应。企业哲学和企业道德规范使经营者和普通员工能科学地处理这些矛盾，自觉地约束自己。完美的企业形象就是进行这些调节的结果，调适功能事实上也是企业能动作用的一种表现。

## 三、培育企业文化

企业文化是企业的灵魂，是推动企业发展的不竭动力。企业文化是指企业全体员工在长期的创业和发展过程中培育形成，并共同遵守的最高目标、价值标准、基本信念及行为规范。它包含着非常丰富的内容，包括经营哲学、价值观念、企业精神、企业道德、团体意识、企业形象、企业制度，其核心是企业的精神和价值观（这里的价值观是指企业或企业中的员工在从事商品生产与经营活动中所持的态度）。

### （一）企业文化建设的作用

成功的企业文化对外具有一定的引力作用，对内要具有一定凝聚力，总体而言，优秀的企业文化应具备以下六大特点。

1. 能得到员工广泛认同的价值观。

员工认同企业文化才是真正的文化。在实际企业管理工作中，很多企业老板或负责人对自己都不认同的东西，却要员工去执行，这是不可能形成企业文化的。

2. 能在价值观指导下成功地实践与验证。

有一家企业价值观是这样的：实实在在做人，认认真真做事。但在这个企业和员工做的时候就完全变了。企业经常是不按时发工资，对员工的承诺不兑现，于是老板忽悠员工，员工骗老板、骗客户，这种做法与他们的“实实在在做人，认认真真做事”大相径庭。

3. 使企业员工产生使命感，使企业产生积极的因素。

优秀的企业文化不仅能使员工产生使命感和责任感，而且能激励员工积极地工作，使员工对未来充满憧憬，反之，会使员工产生消极、悲观情绪，甚至自杀。像富士康公司接二连三的跳楼事件就说明了这一点，造成富士康员工跳楼的主要原因有三个：一是个人职场情商低；二是社会竞争压力大；三是企业管理有问题，这个是最直接最主要的原因，也就是说富士康的企业文化建设不到位，从而导致一些员工产生了消极厌世的心理和行为。

4. 简约明了，令人心悦诚服。

企业文化的核心主张一定要简洁明了，可以看看国内外著名的企业文化，都可以精简一句话或一个词，如海尔的诚信文化——真诚到永远，飞利浦的进取文化——我们一直在努力，等等。

5. 能使企业产生不可复制的竞争力。

事实上企业文化已经超越了管理范畴，其实质是一种具有不可复制的竞争文化。而现代企业的竞争，归根到底是企业文化的竞争，或者说是品牌文化的竞争。优秀的企业文化就是企业最有力的竞争武器，而且是不可复制的。

6. 能使员工对企业产生深厚的感情。

企业文化不仅能提高员工主人翁意识和员工道德情操，而且能使员工对企业产生深厚的感情。无论走到哪里，员工对企业的一草一木总是充满怀念，听到或看到企业代表人物、标志、广告、产品等总是有一种亲切感。

### （二）企业文化建设的原则与途径

1. 企业文化建设的一般原则。

（1）必须坚持社会主义方向。企业是为提高人民的物资文化生活而存在，这是社会主义国家中企业存在的最基本的价值观。企业在从事商品生产和商品流通的过程中，必须促进生产发展，满足社会日益增长的物质和文化生活的需要。企业进行文化建设应把这作为它的经营思想和宗旨，使之具有明确的社会主义特征。

（2）强化以人为中心。人是文化的重要载体，是文化生成与承载的第一要素。企业文化中的人不仅仅是指企业家、管理者，应该包括企业的全体员工。企业文化建设中要强调关心人、尊重人、理解人和信任人。企业团体意识的形成，首先是企业的全体成员有共同的价值观念，有一致的奋斗目标，只有这样，才能形成向心力，才能成为一个具有战斗力的整体。

（3）表里一致，切忌形式主义。企业文化属于意识形态的范畴，但它又要通过企业或员工的行为和外部形态表现出来，这就容易形成表里不一致的现象。建设企业文化必须首先从员工的思想观念入手，树立正确的价值观念和经营哲学，并在此基础上形成企业精神和企业形象，防止搞形式主义，言行不一。形式主义不仅不能建设好企业文化，而且是对企业文化概念的歪曲。

（4）注重个异性。个异性是企业文化的一个重要特征。文化本来就是在自身组织发展的历史过程中形成的。每个企业都有自己的历史传统和经营特点，企业文化建设要充分利用这一点，建设具有自己特色的文化。企业只有有了自己的特色，而且被顾客所公认，才能在企业之林中独树一帜，才具有竞争上的优势。

(5) 不能忽视经济性。企业是一个经济组织，企业文化是一个微观经济组织文化，应具有经济性。所谓经济性，是指企业文化必须为企业的经济活动服务，要有利于提高企业生产力和经济效益，有利于企业的生存和发展。前面讨论的关于企业文化的各项内容中，虽然并不涉及"经济"二字，但建设和实施这些内容，最终目的都不会离开企业经济目标的实现和谋求企业的生存和发展。所以，企业文化建设实际上是一个企业战略问题，称为文化战略。

(6) 继承传统文化的精华。我国企业文化建设应该是在继承传统文化的基础上进行增值开发，否则企业文化就会失去存在的基础，也就没有了生命力。所谓传统文化的增值开发就是对传统文化进行借鉴，去其糟粕，取其精华。我国传统文化中的民本思想、平等思想、务实思想等都是值得增值开发的内容。在社会主义企业中，劳动者是企业的主人，企业文化建设自然要以民本思想为重要的思想来源，并通过这一思想的开发利用，使员工群众产生强烈的主人翁意识，自觉地参与企业的民主管理。中华民族坚持人的平等性，认为"人皆为尧舜"，这正是过去中国革命的思想基础。这种思想的增值开发并用于现代企业的文化建设，将为企业员工提供平等竞争的机会，有利于倡导按劳分配、同工同酬的运行机制。务实精神要求人们实事求是、谦虚谨慎、戒骄戒躁、刻苦努力、奋发向上。对此如能发扬光大，必将形成艰苦创业、勇于创新的企业精神。

2. 企业文化建设的途径。

(1) 培育共同价值的观念。

作为企业文化核心的价值观念的培养，是企业文化建设的一项基础工作。企业组织中的每个成员都有自己的价值观念，但由于他们的资历不同、生活环境不一样、受教育的程度也不相同等原因，使得他们的价值观念千差万别。企业价值观念的培育是通过教育、倡导和模范人物的宣传感召等方式，使企业员工摒弃传统落后的价值观念，树立正确的、有利于企业生存发展的价值观念，并达成共识，成为全体员工思想和行为的准则。

企业价值观念的培育是一个由服从，经过认同，最后达到内化的过程。服从是在培育的初期，通过某种外部作用（如人生观教育）使企业中的成员被动地接受某种价值观念，并以此来约束自己的思想和行为；认同是受外界影响（如模范人物的感召）而自觉地接受某种价值观念，但对这一观念未能真正地理解和接受；内化不仅是自愿地接受某种价值观念，而且对它的正确性有真正的理解，并按照这一价值观念自觉地约束自己的思想和行为。

企业价值观念的培育是一个长期的过程。在这个过程中，企业组织中个体成员价值观念的转变还可能由于环境因素的影响而出现反复，这更增加了价值观念培育的复杂性。价值观念的培育，需要企业领导深入细致的思想工作，善于把高度抽象的思维逻辑变成员工可以接受的基本观点。这其中，思想政治工作十分重要，它能唤起员工对自己生活和工作意义的深思，对自己事业的信念和追求。

由于企业价值观念是由多个要素构成的价值体系，因此在培育中要注意多元要素的组合，即既要考虑国家、企业价值目标的实现，又要照顾员工个人需求的满足。

(2) 构塑企业精神。

企业精神构塑是在企业领导者的倡导下，根据企业的特点、任务和发展走向，使建立在企业价值观念基础上的内在的信念和追求，通过企业群体行为和外部表象而外化，形成企业的精神状态。

企业精神与企业价值观是既有区别，又密切相关的两个概念，价值观是企业精神的前提，企业精神是价值观的集中体现。价值观具有分散性和内隐性，如存在的价值、工作价值、质量价值等，它是人们的信念和追求。但企业精神则不同，它比较外露，容易被人们所感觉。企业价值观和企业精神共同构成了企业文化的核心。

流通领域企业精神的构塑，一是要根据商品流通的行业特点，确定和强化企业的个性与经营优势，通过这种确定和强化唤起员工的认同感，增强员工奋发向上的信心和决心，形成企业的向心力、凝聚力和发展动力；二是以营销服务为中心，引导和培育企业员工创名牌、争一流、上水平的意识和顾客第一、服务至上的经营风尚，使企业在市场竞争中立于不败之地；三是大力提倡团结协作精神，使企业形成一个精诚合作的群体，建立和谐的人际关系；四是发扬民主，贯彻以人为本，造就尊重人、关心人、理解人的文化氛围，激励员工的参与意识，使他们把自己与企业视为一体，积极为企业的兴旺发达献计献策；五是提炼升华，将企业精神归纳为简练明确、富有感召力的文字表达，便于员工理解和铭记在心，对外形成特色加强印象。

企业精神的形成具有人为性，这就需要企业的领导者根据企业的厂情、任务、发展走向有意识地倡导，亲手培育形成。在构塑企业精神的过程中，特别应将个别的、分散的好人好事从整体上进行概括、提炼、推广和培育，使之形成具有代表性的企业精神。

(3) 确立正确的经营哲学。

作为企业经营管理方法论原则的企业经营哲学，是企业一切行为的逻辑起点。因此，确立正确的经营哲学是企业文化建设的一项重要任务。

确立企业哲学，需要经营者对本企业的经营状况和特点进行全面的调查，运用某些哲学观念分析研究企业的发展目标和实现途径，在此基础上形成自己的经营理念，并将其渗透到员工的思想深处，变成员工处理经营问题的共同思维方式。企业经营哲学通常应在代表企业精神的文字中体现，这不仅有利于内部渗透，而且也便于顾客识别。

经营哲学的确立，关键是要有创新意识，创建有个异性的经营思想和方法。英国盈利能力最强的零售集团——马狮百货公司的经营哲学，就是创立了“没有工厂的制造商”，按自己的要求让别人生产产品，并打上自己的“圣米高”牌商标，取得了成功。武商集团的创新策略是，把商品经营、资产经营和资本经营融为一体，跳出传统经营方式的束缚，在全国零售行业中创造了利润总额四连冠的佳绩。

(4) 企业形象设计。

商品流通企业进行形象设计，首先是提供货真价实的商品，在品种、档次、价格、款式、包装等方面应有自己的特色；其次是提供优质服务，要通过营业人员的营销行为文化给顾客留下深刻的印象；再次是设计优美舒适的购物环境，这不仅有利于优质服务水平得到充分发挥，更重要的是这能刺激顾客的购买欲望并产生强烈的好感；最后是店铺门面设计，店面装饰应体现行业特点，招牌应做到新颖、醒目、反映经营特色，有利于引客进店和给顾客留下深刻印象，橱窗设计应与店铺建筑物协调，形成店面的整体美。

企业形象设计一般经过形象调查、形象定位和形象传播三个阶段。形象调查是了解公众对本企业的认识、态度与印象等方面的情况，为企业形象设计提供信息。形象定位是在形象调查的基础上，根据企业的实际状况，通过知名度和美誉度的高低程度对企业形象进行定位。形象传播是以广告或公关方式，将企业形象的有关信息向社会传播，让更多的顾客认识和接受，从而提高企业形象。

## 任务实施

### 一、企业文化建设的目标

现阶段，企业经营者越来越注重企业文化的建设与价值观的塑造，企业文化正成为提升企业核心竞争力的重要保障。那么企业文化建设的目标究竟是什么呢？

#### （一）确定 MI（理念识别）

1. 确定全体员工的价值观。

企业价值观是企业文化的核心，决定企业的命脉，关系企业的兴衰。现代企业不仅要实现物质价值，还要实现文化价值，要充分认识企业竞争不仅是经济竞争，更是人的竞争、文化的竞争、伦理智慧的竞争。企业的最终目标是服务社会，实现社会价值最大化。

2. 确立企业精神。

培育有个性的企业精神是加强企业文化建设的核心，培育具有鲜明个性和丰富内涵的企业精神，最大限度地激发员工内在潜力，是企业文化的首要任务和主要内容。企业精神是指：企业广大员工在长期的生产经营活动中逐步形成的，由企业的传统、经历、文化和企业领导人的管理哲学共同孕育的，并经过有意识的概括、总结、提炼而得到确立的思想成果和精神力量，必须是集中体现一个企业独特的、具有鲜明的经营思想和个性风格，反映企业的信念和追求，并由企业倡导的一种精神。培养企业精神，要遵循时代性、先进性、激励性、效益性等原则，不仅要反映企业本质特征，而且要反映出行业的特点和本单位特色，体现出企业的经营理念。

3. 确立符合企业实际的企业宗旨。

符合企业实际的企业宗旨是企业生存发展的主要目的和根本追求，它是以企业发展的目标、目的和发展方向来反映企业价值观。企业道德是在企业生产经营实践的基础上，基于对社会和对人生的理解作出的评判事物的伦理准则。企业作风是企业全体干部员工在思想上、工作上和生活上表现出来的态度、行为，体现企业整体素质和对外形象。

#### （二）确立 VI（视觉识别）

通过确立 VI（视觉识别），统一标志、服装、产品品牌、包装等，实施配套管理。在企业发展中还要以务实的态度不断完善企业视觉识别各要素，做到改进—否定—再改进—再确定。包含企业标志、旗帜、广告语、服装、信笺、徽章、印刷品统一模式等。以之规范员工行为礼仪和精神风貌，在社会上建立起企业的高度信任感和良好信誉。

#### （三）确立 BI（行为识别）

这主要体现在对内和对外两个方面，一方面是企业内部对员工服务态度、接待技巧、服务水平、工作精神等的宣传、教育、培训；另一方面是对外经营、社会责任等对外关系的沟通和处理。通过组织开展一系列活动，将企业确立的经营理念融入企业的日常实践中，引导企业和员工行为。

（四）以人为本，树立精干高效的队伍形象，打造精神文化

企业文化实质是“人的文化”，人是生产力中最活跃的因素，人是企业的立足之本，企业员工是企业的主体，建设企业文化就必须以提高人的素质为根本，把着眼点放在人上，分别达到凝聚人心、树立共同理想、规范行动、形成良好行为习惯、塑造良好形象、扩大社会知名度的目的。为此要做好建立学习型组织，抓好科学文化知识和专业技能培训，培育卓越的经营管理者，带动企业文化建设，做好思想政治工作等相关工作。

（五）内外并举，塑造品质超群的产品形象，打造物质文化

企业文化建设应与塑造企业形象相统一，实现技术创新，做到群众合理化建议持之以恒，使之具备独特的技术特色和产品特色。创品牌，教育员工要像爱护自己的眼睛一样爱护企业的品牌声誉，使企业的产品、质量在社会上叫得响、打得硬、占先机，展企业精华。要做到在经营过程中的经营理念和经营战略的统一；做到在实际经营过程中所有员工行为及企业活动的规范化、协调化；做到视觉信息传递的各种形式相统一，为促进企业可持续发展奠定坚实基础。

（六）目标激励，塑造严明和谐的管理形象，打造制度文化

企业管理和文化之间的联系是企业发展的生命线，战略、结构、制度是硬性管理，技能、人员、作风、目标是软性管理。强化管理，要坚持把人放在企业中心地位，在管理中尊重人、理解人、关心人、爱护人，确立员工主人翁地位，使之积极参与企业管理，尽其责任和义务。强化管理要搞好与现代企业制度、管理创新、市场开拓、实现优质服务等的有机结合。还要修订并完善职业道德准则，强化纪律约束机制，使企业各项规章制度成为干部员工的自觉行为。提倡团队精神，成员之间保持良好的人际关系，增强团队凝聚力，有效发挥团队作用。

（七）寓教于文，塑造优美整洁的环境形象，打造行为文化

人改造环境，环境也改造人，因此，要认真分析企业文化发育的环境因素，使有形的和无形的各种有利因素成为企业文化建设的动力源泉。采取强化措施，做到绿化、净化、美化并举，划分区域，责任明确，做到治理整顿并长期保持卫生环境。要开展各种游艺文体活动，做到大型活动制度化（如体育活动比赛、趣味运动会、企业文化节等），小型活动经常化（厂庆日、文体活动、拓展活动等），通过多彩的活动丰富员工文化生活，保持员工的生活激情，使员工的行为习惯体现企业文化的内涵。

## 二、企业文化建设的方法

企业文化建设的关键在于要让企业文化经历从理念到行动、从抽象到具体、从口头到书面的过程，要得到员工的认可和理解，转化为员工的日常行为，只有这样才能有效地建

设企业文化。

1. 晨会、夕会、总结会。晨会、夕会就是在每天的上班前和下班前用若干时间宣讲公司的价值观念。总结会是月度、季度、年度部门和全公司的例会，这些会议应该固定下来，成为公司的制度及公司企业文化的一部分。

2. 思想小结。思想小结就是定期让员工按照企业文化的内容对照自己的行为，自我评判是否做到了企业要求，又将如何改进等。

3. 张贴宣传企业文化的标语。把企业文化的核心观念写成标语，张贴于企业显要位置，以期对员工产生潜移默化的影响。

4. 树先进典型。给员工树立了一种形象化的行为标准和观念标志，通过先进典型让企业员工形象具体地明白“什么是工作积极”、“什么是工作主动”、“什么是敬业精神”、“什么是成本观念”、“什么是效率高”，从而提升员工的行为。上述的这些行为都是很难量化描述的，只有具体的形象才可使员工充分理解。

5. 权威宣讲。引入外部的权威进行宣讲是一种建设企业文化的好方法。通过宣读可以让员工进行横向比较，在思想意识上高度重视，并自学转化到经营行动中去。

6. 外出参观学习。外出参观学习也是建设企业文化的好方法，这无疑向广大员工暗示：企业管理当局对员工所提出的要求是有道理的，因为别人已经做到这一点，而我们没有做到这些是因为我们努力不够，我们应该向别人学习，进一步改进工作方式。

7. 故事。将企业发展过程中发生的故事加以提炼升华，并有意识地促使这些故事在企业内部广泛流传，这也利于促进企业文化的建设。

8. 企业创业、发展史陈列室。陈列一切与企业发展相关的物品，激发企业员工的集体观念和使命意识。

9. 文体活动。文体活动指唱歌、跳舞、体育比赛、国庆晚会、元旦晚会等，在这些活动中可以把企业文化的价值观贯穿进行。

10. 引进新人，引进新文化。引进新的员工，必然会带来些新的文化，新文化与旧文化融合就形成另一种新文化。

11. 开展互评活动。互评活动是员工对照企业文化要求当众评价同事的工作状态，也当众评价自己做得如何，并由同事评价自己做得如何，通过互评活动，摆明矛盾，消除分歧，改正缺点，发扬优点，明辨是非，以达到工作状态的优化。

12. 领导人的榜样作用。企业领导人的榜样作用对企业文化的形成有着很大的影响，更是直接影响着创业初期的企业文化建设。

13. 创办企业报刊。企业报刊是企业文化建设的重要组成部分，也是企业文化的重要载体。企业报刊更是向企业内部传递企业价值观念、企业精神、规范员工行为、树立先进典型的平台，同时也是对外宣讲企业价值观念、企业精神、经营理念、提供优质产品或服务的窗口，是客户或社会了解企业、树立企业形象的载体。

**拓展知识**

### 企业文化建设的主要内容

在企业文化建设的方法上，有两种倾向：一种是自然主义倾向，另一种是主观主义倾向。前者导致企业文化建设中的“无作为”现象，一切凭其自然发展，缺乏明确的理念指导；后者导致企业文化建设中的“突击”现象。企业可以一夜之间设计出很响亮的理念、口号，也可以印刷出很漂亮的企业文化手册。这两种方法都会导致一个共同的结果：在员工心理上，企业文化、理念都是空白。事实上在企业文化的建设中应将两者有机地结合起来：文化需要时间的积淀，突击是解决不了问题的，但可以通过人为的主动提炼、设计和引导，使自然形成的文化理念明晰化，使员工对企业文化、经营理念的理解深刻化、认同彻底化。

（一）提炼或强化以企业精神为灵魂的价值观念体系

企业精神是企业实现自己价值体系和社会责任而从事生产经营中所形成的人格化的团队意识，是企业的精神支柱和动力，是企业灵魂所在。在企业文化精神提炼中应当注意：行业市场发展的国际化趋势，创新性，体现企业发展历史及对未来的追求，体现企业在发展中所形成的共同意识及区别于其他企业的个性。企业价值观是对企业生产经营行为、生产的产品、提供的服务、社会信誉和资信的评价标准，是企业追求的最大目标和据此判断事物的标准，是企业文化的核心。

企业在提炼共同价值时应当注意：简捷性，协调统一性，系统性，尊重人才，注重回报社会，不断求实论证以便得到更广泛认同。

（二）导入企业形象识别系统

企业形象识别系统主要由静态和动态系统组成，企业形象设计是一种形象文化战略，是企业对自身的理念识别、行为识别、视觉识别进行深化实践，使之更具有独特性、鲜明性，同时，借助各种宣传手段和载体传送企业文化，以产生强大的品牌认知力和认同力。

1. 建立在企业经营活动中所应遵循的理念，是整个识别系统运作的原动力，它主要指企业经营管理哲学、企业使命和宗旨等。针对当前面临的竞争、发展态势及自身资源现状等，企业必须建立适合自身发展要求的包含经营理念、管理理念、市场竞争理念、市场营销理念、市场发展理念、服务理念、质量理念、人才理念、科技创新理念、产品研发理念、组织结构设计理念等在内的理念识别体系。

2. 建立在企业经营活动中企业和员工应遵循的行为准则，其中对内的行为主要包括企业伦理和道德、领导行为规范、员工行为规范、工作作风、服务态度规范、礼仪规范、工作环境和员工福利等项目；对外的行为主要包括公共关系、市场调研、促销活动、流通对策、废弃物处理、公害对策服务对策、公益性文化活动等。企业行为识别系统设计的重点在于员工队伍形象的塑造，企业应当遵循以人为本的思想，按照不同层次、不同岗位制定和设计个人形象。

3. 建立企业文化具体化、形象化的视觉传达形式，通过组织化、系统化的视觉方案传达企业经营特征。在建立企业视觉识别系统的过程中，必须运用能够体现企业精神理念，具有鲜明视觉效果的标志来体现企业独特的产品或服务、标记企业环境形象。企业要从品牌、科技、质量、服务、外观设计、包装等方面着手，树立企业良好的产品形象；企业还要以“绿化、美化、硬化、净化、亮化”为内容，以“现代化”为目标，实行环境建设评先、评优考核，构建企业绿色格局，使企业通过环境形象系统，促进企业发展。

（三）实施制度在建工程

企业文化与企业的体制机制相辅相成，只有建立充分体现先进企业文化的体制机制和各项管理制度及岗位行为规范，才能真正规范企业全体人员的意识和行为。制度是整个企业对文化的一种规范，将企业文化建设与人力资源管理相结合有利于促进制度的建设和岗位行为的规范。

1. 规范培训制度和培训体系，丰富培训内容和层次。通过教育培训把企业文化、岗位职业规范、技能操作规范等内容纳入公司管理制度中。

2. 建立健全公司绩效考评制度，把企业文化建设成效纳入公司部门、个人绩效考评体系。

3. 开展思维创新、管理创新、技术创新，建立健全公司激励和约束机制。

（四）实施典型示范工程

先进人物的典型事迹是企业精神、企业管理理念最形象生动的体现和象征，具有很强的示范、辐射、传承作用，没有个性鲜明的典型人物和事迹就没有独特的企业文化，因此，在实施企业文化建设的过程中，应通过大力发掘、发现、培养、总结公司先进典型，大力宣传、表彰先进典型，达到强化企业精神，不断提升企业文化内涵的目的。

（五）创新企业文化的形式和载体，积极营造企业文化建设的良好氛围

公司可以通过自身的网站、多媒体、广播、报纸、内刊、《企业文化手册》、板报、宣传栏等载体，广泛深入地开展企业文化建设，也可以通过摄影、绘画、书法、漫画、演讲、爬山、歌咏比赛、拓展活动、企业宣传片、厂牌、企业徽章设计等各种文艺和体育活动来实施企业文化建设。

## 思考与训练

请根据以下案例分析讨论以下问题：

1. 请指出上述各阶层的员工提出的问题哪些是属于企业文化管理的具体问题。

2. 请根据员工的言论构思出一个解决他们实际问题的企业文化建设方案。

**案例**　A市地下铁道设计院成立于1993年，是A地铁总公司（集团公司）的2级单位。当A市政府立项建设A地下铁道项目时，该设计院就实现了从原来的抢工程设计、至市政府请愿、拿设计工程到独立完成整个A地铁2号线设计项目的飞跃，并成为A地区唯一具有多种资质的工程设计单位。由于A地铁项目是由市政府采取高度集中操作的模式进行，即由市政府出资、指定设计、施工、运营，所以地铁设计院自然承揽了几乎所有的设计项目。套用地铁设计院领导们的一句话来概括设计院的历程——“设计院的发展是一帆风顺式的发展历程”。

由于技术力量相对雄厚，设计项目多次被评为优秀工程，设计院这十年来可谓是载誉无数。但在最近的运作过程中设计院领导们发现了以下几个问题：

1. 现在的设计任务相对于院的技术力量而言是饱满的，而且工作强度也比较大。不少员工的工作状况表现为疲惫。

2. 员工的素质相当高，但安逸情绪严重，畏难情绪时有发生，对设计周期短、工作

强度大的设计项目有时会出现互相推诿的情况，缺乏企业危机感，对企业价值观的取向不一致。

3. 薪酬改革刚刚完成，员工意见比较大，有不少人认为现在采用的薪点制工资制度不太合理。

4. 从管理上看，对于一些员工所表现出来的懒散、畏难情绪等没有很好地加以纠正，管理上出现了“原则性不够，人情味太浓”的现象，竞争机制没有建立。员工对企业目标缺乏具体的了解，没有形成企业的共同价值观，危机感缺乏，企业的归属感不强，时常表现出恃才傲物；由于分工不太合理，工作上出现了互相推诿的情况，经常以“很忙”为借口拒绝参加院内的文娱活动，同事间往往只存在工作关系，缺乏润滑。中层领导班子的管理能力问题突出，院中层领导班子成员大多是由专业技术拔尖的员工担任，他们的普遍特点是工作压力、工作责任越来越多，管理任务繁忙，对于管理上的知识没有系统的学习和研究。

调查过程中院领导曾经把中层领导班子主要人员召集起来，就企业文化的建设问题进行了讨论，总结如下：

1. 现在工作繁忙，很难有时间去做文化建设的宣传和配合工作，对于如何建立企业文化感到束手无策。

2. 由于院内人员急速膨胀，人员结构复杂，心态各异，管理难度很大，对于如何激励员工士气，如何转变员工的态度，如何调动员工的积极性，如何把握员工的工作负荷等实际管理问题感到吃力（人员结构：原来的老人员、从总公司调入的正式职工，临时招聘的员工，租借的短期员工、合作单位入驻的员工）。这些棘手的问题是否可以通过建立企业文化来解决？

3. 如何宣传企业文化？其具体表现形式是什么？

4. 什么是企业文化？其内涵和外延是什么？其主要作用是什么？如何与本企业的管理相结合？

5. 本企业人力资源管理如何与企业文化建设有机结合起来？

领导们也召集了员工代表谈了他们对企业文化的了解和一些希望（注：所有的发言均是在院有关领导的指引下和在座下进行）。总结如下：

1. 企业的发展进度远比员工的意识转变快，如何建立一个双向沟通的模式，让员工与企业间建立一个互通的机制？

2. 自我发展的空间和自我价值的体现在企业内得不到保证。

3. 管理的工作受到繁重生产压力的冲突，推进不力。

4. 老员工和领导们的敬业精神很好，但培训比较少。

5. 共同的价值观念得不到建立。

6. 企业文化的倡导、执行、最终受益人是谁？

# 模块三 体验创业实战

## 项目九

## 谋划前期准备

**学习目标**

通过本项目的学习与训练，使学生在实战模拟中完成自主创业的前期准备工作，通过全过程的参与，掌握创业前期准备的工作要点，并通过小组讨论、老师点评等形式归纳总结自己在这一过程中的不足，思考在今后的学习生活中如何进一步提高和完善。

## 相关知识

### 自主创业前期准备工作的要素

自主创业不是头脑发热的灵光一现，它是个人或团队综合素质和综合知识积累到一定程度的集中体现。创业前期准备是指从有创业想法开始到领取公司工商营业执照以及完成相关法律手续的过程。

自主创业前期的准备工作很多，下面所提到的要素只是其中最主要的部分。

1. 组建创业团队。公司的筹备、成立、经营等全部活动都是在团队领导的带领下，团队成员根据分工各司其职，全体员工共同努力，围绕企业目标通力协作，共同完成的。一个坚强有力的公司团队是企业发展壮大的有力保障。

2. 确定创业项目。一个良好的创业项目，能大大增加创业成功的几率，成就一个美好的未来。创业前要通过市场研究，收集、利用、分析、综合各种信息，对创业项目进行周密全面的评估，减少创业风险。

3. 撰写创业计划书。创业计划书是创业者全面描述计划经营业务的书面材料，是对公司和项目目前状况、未来发展潜力以及具体实施计划的全面展示。通过撰写创业计划书可以帮助创业者全面梳理创业思路，合理规划创业过程，为企业的发展提供指导。

4. 完成工商注册。根据国家相关法律法规的要求，按照企业工商注册的程序，对企业进行工商注册，领取企业营业执照，并完成与之相关的法律手续和经营手续。

## 任务实施

### 模拟活动一　组建创业团队

**活动目的：**

要创建一个能够创造价值、具有高潜力的企业，需要一个团队的力量。创业团队成员要有明确的共同目标，注意成员间的优势互补和整体的协调一致，一个优秀的创业团队一般需要包含三方面的人才：优秀的管理人员、专业的技术人员、精干的销售人员。组建团队时要考虑团队成员的知识结构、个性特征、价值观念以及共同的团队利益等。

**活动实施：**

1. 分组确定团队（自愿组合和合理配置的原则）；

2. 根据个人特长对团队成员进行合理分工，尤其是团队领导的确定要综合考虑各方面因素；

3. 根据业务需要合理设置各成员的职责权限，充分发挥成员的特长，形成团队合力；

4. 老师点评各小组的团队建设的情况。

**活动结果：**

一般按照每家模拟公司 5～7 人组建创业团队，完成成员分工，并推选出团队领导。

### 模拟活动二　确定创业项目

**活动目的：**

在团队领导的召集下，团队全体成员共同商量讨论确定拟办公司的经营项目，商讨过程中要充分考虑技术、资金、管理、人脉等因素对项目创业的影响，经过充分的市场调研、客观的可行性分析后，确定好创业项目。

**活动实施：**

1. 在分析团队各种优势的基础上头脑风暴出可能创业的经营项目；
2. 运用 SWOT 分析法分析确定拟办公司的经营项目；
3. 各小组陈述选择企业项目的理由；
4. 学生互评创业项目的市场需求与可行性；
5. 点评各小组的创业项目。

用 SWOT 分析法验证各小组的项目：

| 优势（Strength） | 劣势（Weakness） |
|---|---|
| 1. 擅长什么<br>2. 组织中有什么新技术<br>3. 能做什么别人做不到的<br>4. 和别人有什么不同<br>5. 顾客为什么来<br>6. 最近因何成功 | 1. 什么做不到<br>2. 缺乏什么技术<br>3. 别人有什么比我们好<br>4. 不能够满足何种顾客<br>5. 最近因何失败 |
| **机会（Opportunity）** | **威胁（Threat）** |
| 1. 市场中有什么适合我们的机会<br>2. 可以学什么技术<br>3. 可以提供什么新的服务<br>4. 可以吸引什么新的顾客<br>5. 怎么可以与众不同<br>6. 组织在 5～10 年的发展 | 1. 市场最近有什么改变<br>2. 竞争者最近在做什么<br>3. 是否赶上顾客需求的改变<br>4. 政经环境的改变是否会伤害到组织<br>5. 是否有什么事情可能会威胁到组织的生存 |

**活动结果：**

拟办公司经营项目：________________________

### 模拟活动三　撰写创业计划书

**活动目的：**

创业团队通过对创业项目内部和外部因素的调研、分析，全面展示公司和项目当前状况、未来发展潜力以及具体实施计划，对自己团队的创业过程进行完整的构想，形成全面描述计划经营业务的书面材料——创业计划书。通过创业计划书对创业思路进行全面梳理开拓，对创业资源进行合理整合规划，为吸引投资和其他支持提供依据，也为后期公司的运作提供指导。

**活动实施：**

1. 创业团队完成创业计划书（可参阅模块二的相关内容）；
2. 各团队陈述，模拟创业计划书的形成过程；
3. 学生互评各团队的创业计划书并比较各自的优缺点以相互借鉴；

4. 点评各团队创业计划书的优点和不足。

**活动结果：**

完成创业计划书。

**模拟活动四　完成工商注册**

**活动目的：**

使学生掌握企业工商注册的完整过程，让学生在实战模拟中体验相关环节所需材料或资料的准备过程，了解注册的费用或开支情况和许可审批等一些特殊的工商注册要求，掌握工商注册完成后相关手续的办理及这些手续在今后业务中的功能和作用，为今后的自主创业提供便利。

**活动实施：**

1. 创业团队根据所确定的公司准备工商注册所需的各种材料或资料（可参阅模块一的相关内容，根据内容所需的资料准备材料），完成工商注册，领取营业执照；

2. 创业团队凭营业执照到相关部门办理公司开张前需要办理的各种手续（可参阅模块一的相关内容），完成相关手续办理；

3. 点评创业团队工商注册资料的准备及相关手续的办理情况；

4. 创业团队交流过程体会。

**活动结果：**

各创业团队完成工商注册，领取营业执照，完成相关手续的办理。

# 项目十

## 完善中期环节

**学习目标**

通过本项目的学习与训练，使学生在实战模拟中进一步完善创业中期的相关工作，通过参与这一环节，掌握中期环节中的工作要点，并通过观察调研、小组讨论、老师点评等形式提高自己对这一环节的理解和认识，为进一步优化公司营运方案、保障公司的正常经营奠定基础。

相关知识

## 自主创业中期环节的要素

创业中期环节是指从完成工商注册及相关法律手续后开始到公司能进行试营业为止这段时间的相关工作。它和创业前期、后期的某些环节可以同时进行，以提高效率。自主创业中期环节事项很多，也很琐碎。中期环节主要包括以下几个方面。

### （一）策划企业形象

企业形象是消费者、社会公众以及企业内部员工和企业相关部门与单位对企业、企业行为、企业的各种活动成果所给予的整体评价与一般定位。包括理念识别（全体员工共同的价值观、企业精神、企业宗旨等）、视觉识别（企业标识、旗帜、广告语、服装、信笺、徽章、印刷品等）、行为识别（企业的服务态度、服务水平、工作精神、对外的沟通与交流等）。

良好的企业形象是企业的宝贵无形资产，它对企业内部管理和对外经营方面的影响作用巨大而深远。在内部管理方面，良好的企业形象有利于企业文化的建设、有利于增强企业实力、有利于业务范围的扩大和跨区域经营；在对外经营方面，良好的企业形象有利于企业生产经营资源的增长、有利于获得消费者认同以扩大产品销售、有利于企业公共关系的处理。

企业形象策划是策划者为了达到企业目标，尤其是达到树立良好企业整体形象的目的，在充分进行企业实态调查的基础上，对总体企业形象战略和具体企业形象塑造进行谋略、计划和设计的过程。

### （二）特色店面装修

公司的店面形象直接向顾客传递着公司的经营理念、经营方式，同时也体现了该店的基本精神及独特个性。因此，公司要树立自己的良好形象，就必须在企业整体形象策划的基础上，形成自己特色的装修风格，使顾客一目了然地把握公司所传播的商业信息，从而达到识别店铺经营内容、吸引客户的目的。

常规的店面装修主要考虑三个方面：装修工程、布线工程、消防工程。但要打造一个优秀的企业，店面的装修除了要考虑以上三个方面外，更需要装修出自己公司的特色，要与企业的市场定位、行业流行趋势、企业整体形象、户外广告、媒体宣传等相统一，形成自己独特的装修风格，达到吸引顾客、领先竞争对手、确保持续发展的目的。

### （三）招聘培训员工

根据企业业务的需要，将企业工作进行分类，即所谓的定岗，根据岗位的需要正式招聘员工。初创企业的员工一般来源比较单一、业务生疏，需要进行系统的培训。

员工培训是指企业为业务开展或企业发展的需要，采用各种方式对员工进行有目的、有计划的培养和训练的管理活动，其目标是使员工不断地更新知识，开拓技能，改进员工的动机、态度和行为，以适应企业发展的要求，更好地胜任现职工作或担负更高级别的职务，从而促进公司效率的提高和公司目标的实现。

（四）准备开业经营

开业经营前的准备工作主要包括：经营策划及营业计划编制（近期市场调研与预测、营业计划书）、制定管理程序与规章制度（岗位设置、人员安排、工资福利、管理程序、规章制度）、财务基础工作（资产清点、财务制度、开业费用预算、收费定价、工程验收）、促销、业务部门关系处理、物资采购（办公用品、设备、货品）等，这些工作准备的好坏决定着开业后经营利润的多寡，因为这些工作牵涉到开业后各项经营工作的质量、费用、客源及能否按时开业等重大事宜。

## 任务实施

### 模拟活动一　策划企业形象

**活动目的：**

使学生明确企业形象设计对树立企业整体形象的重要意义，了解企业形象各组成部分的具体体现形式，思考并形成企业形象的整体设计方案，通过头脑风暴、主题讨论、方案比较等方式深刻体验企业形象策划的过程，领悟企业整体形象战略与企业形象的具体表现形式的统一，思考企业形象策划是如何服务企业经营活动和促进企业长远发展的。

**活动实施：**

1. 创业团队根据模拟公司的情况确定企业形象的组成内容；
2. 团队讨论企业形象各组成内容的具体体现形式；
3. 根据团队讨论情况形成模拟公司企业形象整体设计方案；
4. 团队交流本公司形象设计的过程，体会企业形象策划过程中的细节和思路；
5. 老师就各团队的企业形象策划与公司经营理念等的一致性进行点评。

**活动结果：**

形成模拟公司的企业形象整体策划方案，体现公司的经营风格，规范企业的对内对外活动。

### 模拟活动二　特色店面装修

**活动目的：**

使学生明确店面装修是企业经营理念和经营方式的直接体现形式，了解店面装修的三个主要方面，重点思考店面装修如何体现企业经营特色，如何使店面装修与企业整体风格和谐统一，如何通过特色的店面装修来吸引顾客，实现领先对手、持续发展的目的。

**活动实施：**

1. 讨论常规店面装修的三个方面需要注意的细节；
2. 重点思考如何通过店面装修来体现公司的经营特色；
3. 从店面的装修特色中反思公司的经营理念、企业精神等；
4. 老师点评创业团队的店面装修特色。

**活动结果：**

完成公司的店面装修，形成具有特色的店面形象。

**模拟活动三　招聘培训员工**

**活动目的：**

使学生掌握根据公司业务进行岗位设置的基本原则，掌握员工招聘的要求和技巧，并能根据公司业务的要求对员工进行岗前培训，使员工能更好地胜任岗位的要求，适应企业的经营和发展，提高公司工作效率和形象，为企业目标的实现奠定人力资源保障。

**活动实施：**

1. 根据公司的经营范围和业务需要进行岗位的合理设置；

2. 根据岗位需要确定拟招聘员工的数量、素质和能力等要求，完成员工招聘；

3. 根据企业目标、经营理念、组织纪律、工作规范、工作流程、行为规范、服务要求等拟定员工培训内容；

4. 根据培训内容完成对员工的岗前培训；

5. 创业团队交流心得体会，体验人岗匹配的具体含义。

**活动结果：**

招聘、培训出适合实际经营需要、具有良好素质的企业员工。

**模拟活动四　准备开业经营**

**活动目的：**

使学生掌握开业经营前要做好的各项准备工作，理清各项准备工作包含的内容及注意事项，并根据先后顺序和重要程度，对开业前的各项准备工作进行梳理，从人、财、物各个方面保证公司业务的正常展开。

**活动实施：**

1. 罗列开业前需要完成的各项工作，根据时间先后和重要程序进行排序，并逐项安排落实；

2. 根据公司经营项目进行最新的市场调研和需求预测，并制订详细的营业计划书；

3. 完善管理程序、规章制度，并做好前期财务基础工作；

4. 完成办公用品、前期货品的采购工作；

5. 做好促销方案、广告宣传等工作；

6. 老师对各创业团队的准备工作进行点评。

**活动结果：**

完成开业前的各项准备工作，为顺利开业做好准备。

# 项目十一

## 运筹后期经营

**学习目标**

通过本项目的学习与训练，使学生在做好开张准备的前提下全面分析企业经营的过程，从试营业中发现不足并逐步完善，通过开张庆典展示公司形象，在正式运营过程中实现人、财、物的优化，提高公司的营利能力，并从公司业务拓展、公司的规范管理、企业文化培育等方面开始思考公司的长远发展。

## 相关知识

### 企业的后期经营

企业的后期经营是指公司从完成开业准备到公司经营基本正常稳定这一发展过程，主要包括以下几个方面。

（一）试营业

试营业是企业的一种经营方式，主要是经营者向消费者告知该营业场所刚开张，管理可能不周密、服务可能有欠缺、正在完善，绝不是指可以不用交税或可以在没有办理相关证照的情况下先尝试营业。

通过试营业，经营者可以对整个准备过程进行“全面检阅”，通过试营业分析出主要的消费群体、货品的适合程度、服务水平、规章制度和管理体系等可能存在的问题，以便在经营过程中进一步完善和改进，利用试营业的机会结识一批各行各业的朋友，扩大公司影响，利用试营业的机会大做营销工作，吸引一批客户，培养一批稳定的客源，同时也是对公司员工的服务态度、服务质量的检查，以便及时调整策略，提高经营能力。

（二）开业庆典

开业庆典是公司为庆祝开业而举办的一种商业活动，它选择特殊的日期举办，邀请特定的人员参加，旨在向社会展示公司的正式成立，取得社会的广泛认同，为今后的生存发展创造一个良好的外部环境，同时向社会和公众进行企业形象宣传，提高公司的知名度及美誉度，展现优良形象及良好风范，广泛吸引潜在的客户。从这个意义上来讲，开业庆典就不再只是一个简单的程序化的庆典活动，而是一个公司经济实力和社会地位的充分展示。

开业庆典的组织主要考虑：成立临时指挥部、确立活动目标、确定活动主题、活动场地准备、时间选择、邀请贵宾、舆论宣传、现场气氛、礼仪礼品、接待用餐等事项。

（三）企业经营管理

企业经营管理就是对企业经营过程的计划、组织、实施和控制，是与产品生产和经营服务密切相关的各项管理工作的总称。企业经营管理的根本目的是把人员、设备、资金、材料、信息、时间等有限资源，合理地组织起来，最大限度地发挥它们的作用，以求达到经营目标，在这个过程中既要致力于提高产品和服务质量，又要致力于提高资本运营质量、降低营运成本、提高质量效益、提高资本增值盈利等多重目标，主要包括生产、销售、财务和人事职能等多方面的管理。

## 任务实施

**模拟活动一　试营业**

**活动目的：**

使学生了解企业进行试营业的意义，通过试营业“全面检阅”整个经营准备过程，通过试营业锁定主要消费群体，掌握货品的欢迎程度，检验规章制度和管理体系的周密性，检查员工的服务意识和服务水平，思考如何在今后经营过程中进一步完善和改进，及时调整经营策略，提高经营能力。

**活动实施：**

1. 对试营业过程中发现的问题进行整改，进一步完善细节；
2. 重点分析消费群体、货品特征、经营效益等重要指标，提高经营活动的针对性；
3. 检查公司整体形象在试营业过程中的体现情况，并进行补充完善；
4. 通过试营业结交朋友、培育稳定客源，形成良好的人脉关系；
5. 创业团队交流试营业过程中的要点。

**活动结果：**

公司试营业。

### 模拟活动二　开业典礼

**活动目的：**

使学生掌握公司进行开业庆典的重要意义，明确组织开业庆典需要考虑的方方面面，锻炼提高公司团队的整体协作能力，充分展示公司经营理念、经济实力和社会地位，提高公司的知名度及美誉度，广泛吸引潜在的客户，取得社会的广泛认同，为今后的生存发展创造一个良好的外部环境。

**活动实施：**

1. 成立开业庆典临时工作小组，确立活动目标，确定活动主题；
2. 确定时间、场地、来宾和活动形式等；
3. 策划促销方案、舆论宣传、现场布置等；
4. 准备礼仪礼品、接待用餐等；
5. 创业团队交流开业典礼过程中的要点；
6. 老师点评创业团队开业典礼中的优缺点并引导学生完善改进。

**活动结果：**

完成公司的开业庆典，展示公司良好形象。

### 模拟活动三　企业经营管理

**活动目的：**

使学生掌握企业经营管理的内涵，把握企业经营过程的计划、组织、实施和控制，实现人员、设备、资金、材料、信息、时间等资源的有效整合，最大限度地发挥它们的作用，在经营过程中不断优化，以提高产品和服务质量，实现公司目标。

**活动实施：**

1. 根据公司经营的实际情况不断完善优化公司经营过程的计划、组织、实施和控制；
2. 准确了解公司的财务状况和员工的精神现状，根据需要及时调整；
3. 整合相关资源，实现公司利润的最大化；
4. 把握市场机遇，实现公司业务或规模的扩张；
5. 创业团队交流企业经营过程中的得失，并相互学习借鉴；

5. 老师点评创业团队经营过程中的困难，并引导学生通过学习提高企业管理能力。

**活动结果：**

实现公司的正常经营，为公司的发展壮大奠定基础。

# 附录　他山之石

## 附录一　相关文件法规

中华人民共和国公司登记管理条例

中华人民共和国中小企业法

教育部关于大力推进高等学校创新创业教育和大学生自主创业工作的意见

### 中华人民共和国公司登记管理条例

（1994 年 6 月 24 日中华人民共和国国务院令第 156 号发布，根据 2005 年 12 月 18 日《国务院关于修改〈中华人民共和国公司登记管理条例〉的决定》修订）

**目　录**



#### 第一章　总　　则

**第一条**　为了确认公司的企业法人资格，规范公司登记行为，依据《中华人民共和国公司法》（以下简称《公司法》），制定本条例。

**第二条**　有限责任公司和股份有限公司（以下统称公司）设立、变更、终止，应当依照本条例办理公司登记。

申请办理公司登记，申请人应当对申请文件、材料的真实性负责。

**第三条**　公司经公司登记机关依法登记，领取《企业法人营业执照》，方取得企业法人资格。

自本条例施行之日起设立公司，未经公司登记机关登记的，不得以公司名义从事经营活动。

**第四条** 工商行政管理机关是公司登记机关。

下级公司登记机关在上级公司登记机关的领导下开展公司登记工作。

公司登记机关依法履行职责，不受非法干预。

**第五条** 国家工商行政管理总局主管全国的公司登记工作。

## 第二章 登记管辖

**第六条** 国家工商行政管理总局负责下列公司的登记：

（一）国务院国有资产监督管理机构履行出资人职责的公司以及该公司投资设立并持有50%以上股份的公司；

（二）外商投资的公司；

（三）依照法律、行政法规或者国务院决定的规定，应当由国家工商行政管理总局登记的公司；

（四）国家工商行政管理总局规定应当由其登记的其他公司。

**第七条** 省、自治区、直辖市工商行政管理局负责本辖区内下列公司的登记：

（一）省、自治区、直辖市人民政府国有资产监督管理机构履行出资人职责的公司以及该公司投资设立并持有50%以上股份的公司；

（二）省、自治区、直辖市工商行政管理局规定由其登记的自然人投资设立的公司；

（三）依照法律、行政法规或者国务院决定的规定，应当由省、自治区、直辖市工商行政管理局登记的公司；

（四）国家工商行政管理总局授权登记的其他公司。

**第八条** 设区的市（地区）工商行政管理局、县工商行政管理局，以及直辖市的工商行政管理分局、设区的市工商行政管理局的区分局，负责本辖区内下列公司的登记：

（一）本条例第六条和第七条所列公司以外的其他公司；

（二）国家工商行政管理总局和省、自治区、直辖市工商行政管理局授权登记的公司。

前款规定的具体登记管辖由省、自治区、直辖市工商行政管理局规定。但是，其中的股份有限公司由设区的市（地区）工商行政管理局负责登记。

## 第三章 登记事项

**第九条** 公司的登记事项包括：

（一）名称；

（二）住所；

（三）法定代表人姓名；

（四）注册资本；

（五）实收资本；

（六）公司类型；

（七）经营范围；

（八）营业期限；

（九）有限责任公司股东或者股份有限公司发起人的姓名或者名称，以及认缴和实缴的出资额、出资时间、出资方式。

**第十条** 公司的登记事项应当符合法律、行政法规的规定。不符合法律、行政法规规定的，公司登记机关不予登记。

**第十一条** 公司名称应当符合国家有关规定。公司只能使用一个名称。经公司登记机关核准登记的公司名称受法律保护。

**第十二条** 公司的住所是公司主要办事机构所在地。经公司登记机关登记的公司的住所只能有一个。公司的住所应当在其公司登记机关辖区内。

**第十三条** 公司的注册资本和实收资本应当以人民币表示，法律、行政法规另有规定的除外。

**第十四条** 股东的出资方式应当符合《公司法》第二十七条的规定。股东以货币、实物、知识产权、土地使用权以外的其他财产出资的，其登记办法由国家工商行政管理总局会同国务院有关部门规定。

股东不得以劳务、信用、自然人姓名、商誉、特许经营权或者设定担保的财产等作价出资。

**第十五条** 公司的经营范围由公司章程规定，并依法登记。

公司的经营范围用语应当参照国民经济行业分类标准。

**第十六条** 公司类型包括有限责任公司和股份有限公司。

一人有限责任公司应当在公司登记中注明自然人独资或者法人独资，并在公司营业执照中载明。

## 第四章 设立登记

**第十七条** 设立公司应当申请名称预先核准。

法律、行政法规或者国务院决定规定设立公司必须报经批准，或者公司经营范围中属于法律、行政法规或者国务院决定规定在登记前须经批准的项目的，应当在报送批准前办理公司名称预先核准，并以公司登记机关核准的公司名称报送批准。

**第十八条** 设立有限责任公司，应当由全体股东指定的代表或者共同委托的代理人向公司登记机关申请名称预先核准；设立股份有限公司，应当由全体发起人指定的代表或者共同委托的代理人向公司登记机关申请名称预先核准。

申请名称预先核准，应当提交下列文件：

（一）有限责任公司的全体股东或者股份有限公司的全体发起人签署的公司名称预先核准申请书；

（二）全体股东或者发起人指定代表或者共同委托代理人的证明；

（三）国家工商行政管理总局规定要求提交的其他文件。

**第十九条** 预先核准的公司名称保留期为 6 个月。预先核准的公司名称在保留期内，不得用于从事经营活动，不得转让。

**第二十条** 设立有限责任公司，应当由全体股东指定的代表或者共同委托的代理人向公司登记机关申请设立登记。设立国有独资公司，应当由国务院或者地方人民政府授权的本级人民政府国有资产监督管理机构作为申请人，申请设立登记。法律、行政法规或者国务院决定规定设立有限责任公司必须报经批准的，应当自批准之日起 90 日内向公司登记机关申请设立登记；逾期申请设立登记的，申请人应当报批准机关确认原批准文件的效力或者另行报批。

申请设立有限责任公司，应当向公司登记机关提交下列文件：

（一）公司法定代表人签署的设立登记申请书；

（二）全体股东指定代表或者共同委托代理人的证明；

（三）公司章程；

（四）依法设立的验资机构出具的验资证明，法律、行政法规另有规定的除外；

（五）股东首次出资是非货币财产的，应当在公司设立登记时提交已办理其财产权转移手续的证明文件；

（六）股东的主体资格证明或者自然人身份证明；

（七）载明公司董事、监事、经理的姓名、住所的文件以及有关委派、选举或者聘用的证明；

（八）公司法定代表人任职文件和身份证明；

（九）企业名称预先核准通知书；

（十）公司住所证明；

（十一）国家工商行政管理总局规定要求提交的其他文件。

外商投资的有限责任公司的股东首次出资额应当符合法律、行政法规的规定，其余部分应当自公司成立之日起2年内缴足，其中，投资公司可以在5年内缴足。

法律、行政法规或者国务院决定规定设立有限责任公司必须报经批准的，还应当提交有关批准文件。

**第二十一条** 设立股份有限公司，应当由董事会向公司登记机关申请设立登记。以募集方式设立股份有限公司的，应当于创立大会结束后30日内向公司登记机关申请设立登记。

申请设立股份有限公司，应当向公司登记机关提交下列文件：

（一）公司法定代表人签署的设立登记申请书；

（二）董事会指定代表或者共同委托代理人的证明；

（三）公司章程；

（四）依法设立的验资机构出具的验资证明；

（五）发起人首次出资是非货币财产的，应当在公司设立登记时提交已办理其财产权转移手续的证明文件；

（六）发起人的主体资格证明或者自然人身份证明；

（七）载明公司董事、监事、经理姓名、住所的文件以及有关委派、选举或者聘用的证明；

（八）公司法定代表人任职文件和身份证明；

（九）企业名称预先核准通知书；

（十）公司住所证明；

（十一）国家工商行政管理总局规定要求提交的其他文件。

以募集方式设立股份有限公司的，还应当提交创立大会的会议记录；以募集方式设立股份有限公司公开发行股票的，还应当提交国务院证券监督管理机构的核准文件。

法律、行政法规或者国务院决定规定设立股份有限公司必须报经批准的，还应当提交有关批准文件。

**第二十二条**　公司申请登记的经营范围中属于法律、行政法规或者国务院决定规定在登记前须经批准的项目的，应当在申请登记前报经国家有关部门批准，并向公司登记机关提交有关批准文件。

**第二十三条**　公司章程有违反法律、行政法规的内容的，公司登记机关有权要求公司作相应修改。

**第二十四条**　公司住所证明是指能够证明公司对其住所享有使用权的文件。

**第二十五条**　依法设立的公司，由公司登记机关发给《企业法人营业执照》。公司营业执照签发日期为公司成立日期。公司凭公司登记机关核发的《企业法人营业执照》刻制印章，开立银行账户，申请纳税登记。

## 第五章　变更登记

**第二十六条**　公司变更登记事项，应当向原公司登记机关申请变更登记。

未经变更登记，公司不得擅自改变登记事项。

**第二十七条**　公司申请变更登记，应当向公司登记机关提交下列文件：

（一）公司法定代表人签署的变更登记申请书；

（二）依照《公司法》作出的变更决议或者决定；

（三）国家工商行政管理总局规定要求提交的其他文件。

公司变更登记事项涉及修改公司章程的，应当提交由公司法定代表人签署的修改后的公司章程或者公司章程修正案。

变更登记事项依照法律、行政法规或者国务院决定规定在登记前须经批准的，还应当向公司登记机关提交有关批准文件。

**第二十八条**　公司变更名称的，应当自变更决议或者决定做出之日起30日内申请变更登记。

**第二十九条**　公司变更住所的，应当在迁入新住所前申请变更登记，并提交新住所使用证明。

公司变更住所跨公司登记机关辖区的，应当在迁入新住所前向迁入地公司登记机关申请变更登记；迁入地公司登记机关受理的，由原公司登记机关将公司登记档案移送迁入地公司登记机关。

**第三十条**　公司变更法定代表人的，应当自变更决议或者决定做出之日起30日内申请变更登记。

**第三十一条**　公司变更注册资本的，应当提交依法设立的验资机构出具的验资证明。

公司增加注册资本的，有限责任公司股东认缴新增资本的出资和股份有限公司的股东认购新股，应当分别依照《公司法》设立有限责任公司缴纳出资和设立股份有限公司缴纳股款的有关规定执行。股份有限公司以公开发行新股方式或者上市公司以非公开发行新股方式增加注册资本的，还应当提交国务院证券监督管理机构的核准文件。

公司法定公积金转增为注册资本的，验资证明应当载明留存的该项公积金不少于转增前公司注册资本的25%。

公司减少注册资本的，应当自公告之日起45日后申请变更登记，并应当提交公司在报纸上登载公司减少注册资本公告的有关证明和公司债务清偿或者债务担保情况的说明。

公司减资后的注册资本不得低于法定的最低限额。

**第三十二条** 公司变更实收资本的，应当提交依法设立的验资机构出具的验资证明，并应当按照公司章程载明的出资时间、出资方式缴纳出资。公司应当自足额缴纳出资或者股款之日起 30 日内申请变更登记。

**第三十三条** 公司变更经营范围的，应当自变更决议或者决定做出之日起 30 日内申请变更登记；变更经营范围涉及法律、行政法规或者国务院决定规定在登记前须经批准的项目的，应当自国家有关部门批准之日起 30 日内申请变更登记。

公司的经营范围中属于法律、行政法规或者国务院决定规定须经批准的项目被吊销、撤销许可证或者其他批准文件，或者许可证、其他批准文件有效期届满的，应当自吊销、撤销许可证、其他批准文件或者许可证、其他批准文件有效期届满之日起 30 日内申请变更登记或者依照本条例第六章的规定办理注销登记。

**第三十四条** 公司变更类型的，应当按照拟变更的公司类型的设立条件，在规定的期限内向公司登记机关申请变更登记，并提交有关文件。

**第三十五条** 有限责任公司股东转让股权的，应当自转让股权之日起 30 日内申请变更登记，并应当提交新股东的主体资格证明或者自然人身份证明。

有限责任公司的自然人股东死亡后，其合法继承人继承股东资格的，公司应当依照前款规定申请变更登记。

有限责任公司的股东或者股份有限公司的发起人改变姓名或者名称的，应当自改变姓名或者名称之日起 30 日内申请变更登记。

**第三十六条** 公司登记事项变更涉及分公司登记事项变更的，应当自公司变更登记之日起 30 日内申请分公司变更登记。

**第三十七条** 公司章程修改未涉及登记事项的，公司应当将修改后的公司章程或者公司章程修正案送原公司登记机关备案。

**第三十八条** 公司董事、监事、经理发生变动的，应当向原公司登记机关备案。

**第三十九条** 因合并、分立而存续的公司，其登记事项发生变化的，应当申请变更登记；因合并、分立而解散的公司，应当申请注销登记；因合并、分立而新设立的公司，应当申请设立登记。

公司合并、分立的，应当自公告之日起 45 日后申请登记，提交合并协议和合并、分立决议或者决定以及公司在报纸上登载公司合并、分立公告的有关证明和债务清偿或者债务担保情况的说明。法律、行政法规或者国务院决定规定公司合并、分立必须报经批准的，还应当提交有关批准文件。

**第四十条** 变更登记事项涉及《企业法人营业执照》载明事项的，公司登记机关应当换发营业执照。

**第四十一条** 公司依照《公司法》第二十二条规定向公司登记机关申请撤销变更登记的，应当提交下列文件：

（一）公司法定代表人签署的申请书；

（二）人民法院的裁判文书。

## 第六章　注销登记

**第四十二条**　公司解散，依法应当清算的，清算组应当自成立之日起10日内将清算组成员、清算组负责人名单向公司登记机关备案。

**第四十三条**　有下列情形之一的，公司清算组应当自公司清算结束之日起30日内向原公司登记机关申请注销登记：

（一）公司被依法宣告破产；

（二）公司章程规定的营业期限届满或者公司章程规定的其他解散事由出现，但公司通过修改公司章程而存续的除外；

（三）股东会、股东大会决议解散或者一人有限责任公司的股东、外商投资的公司董事会决议解散；

（四）依法被吊销营业执照、责令关闭或者被撤销；

（五）人民法院依法予以解散；

（六）法律、行政法规规定的其他解散情形。

**第四十四条**　公司申请注销登记，应当提交下列文件：

（一）公司清算组负责人签署的注销登记申请书；

（二）人民法院的破产裁定、解散裁判文书，公司依照《公司法》作出的决议或者决定，行政机关责令关闭或者公司被撤销的文件；

（三）股东会、股东大会、一人有限责任公司的股东、外商投资的公司董事会或者人民法院、公司批准机关备案、确认的清算报告；

（四）《企业法人营业执照》；

（五）法律、行政法规规定应当提交的其他文件。

国有独资公司申请注销登记，还应当提交国有资产监督管理机构的决定，其中，国务院确定的重要的国有独资公司，还应当提交本级人民政府的批准文件。

有分公司的公司申请注销登记，还应当提交分公司的注销登记证明。

**第四十五条**　经公司登记机关注销登记，公司终止。

## 第七章　分公司的登记

**第四十六条**　分公司是指公司在其住所以外设立的从事经营活动的机构。分公司不具有企业法人资格。

**第四十七条**　分公司的登记事项包括：名称、营业场所、负责人、经营范围。

分公司的名称应当符合国家有关规定。

分公司的经营范围不得超出公司的经营范围。

**第四十八条**　公司设立分公司的，应当自决定做出之日起30日内向分公司所在地的公司登记机关申请登记；法律、行政法规或者国务院决定规定必须报经有关部门批准的，应当自批准之日起30日内向公司登记机关申请登记。

设立分公司，应当向公司登记机关提交下列文件：

（一）公司法定代表人签署的设立分公司的登记申请书；

（二）公司章程以及加盖公司印章的《企业法人营业执照》复印件；

（三）营业场所使用证明；

（四）分公司负责人任职文件和身份证明；

（五）国家工商行政管理总局规定要求提交的其他文件。

法律、行政法规或者国务院决定规定设立分公司必须报经批准，或者分公司经营范围中属于法律、行政法规或者国务院决定规定在登记前须经批准的项目的，还应当提交有关批准文件。

分公司的公司登记机关准予登记的，发给《营业执照》。公司应当自分公司登记之日起 30 日内，持分公司的《营业执照》到公司登记机关办理备案。

**第四十九条** 分公司变更登记事项的，应当向公司登记机关申请变更登记。

申请变更登记，应当提交公司法定代表人签署的变更登记申请书。变更名称、经营范围的，应当提交加盖公司印章的《企业法人营业执照》复印件，分公司经营范围中属于法律、行政法规或者国务院决定规定在登记前须经批准的项目的，还应当提交有关批准文件。变更营业场所的，应当提交新的营业场所使用证明。变更负责人的，应当提交公司的任免文件以及其身份证明。

公司登记机关准予变更登记的，换发《营业执照》。

**第五十条** 分公司被公司撤销、依法责令关闭、吊销营业执照的，公司应当自决定做出之日起 30 日内向该分公司的公司登记机关申请注销登记。申请注销登记应当提交公司法定代表人签署的注销登记申请书和分公司的《营业执照》。公司登记机关准予注销登记后，应当收缴分公司的《营业执照》。

## 第八章 登记程序

**第五十一条** 申请公司、分公司登记，申请人可以到公司登记机关提交申请，也可以通过信函、电报、电传、传真、电子数据交换和电子邮件等方式提出申请。

通过电报、电传、传真、电子数据交换和电子邮件等方式提出申请的，应当提供申请人的联系方式以及通讯地址。

**第五十二条** 公司登记机关应当根据下列情况分别作出是否受理的决定：

（一）申请文件、材料齐全，符合法定形式的，或者申请人按照公司登记机关的要求提交全部补正申请文件、材料的，应当决定予以受理。

（二）申请文件、材料齐全，符合法定形式，但公司登记机关认为申请文件、材料需要核实的，应当决定予以受理，同时书面告知申请人需要核实的事项、理由以及时间。

（三）申请文件、材料存在可以当场更正的错误的，应当允许申请人当场予以更正，由申请人在更正处签名或者盖章，注明更正日期；经确认申请文件、材料齐全，符合法定形式的，应当决定予以受理。

（四）申请文件、材料不齐全或者不符合法定形式的，应当当场或者在 5 日内一次告知申请人需要补正的全部内容；当场告知时，应当将申请文件、材料退回申请人；属于 5 日内告知的，应当收取申请文件、材料并出具收到申请文件、材料的凭据，逾期不告知的，自收到申请文件、材料之日起即为受理。

（五）不属于公司登记范畴或者不属于本机关登记管辖范围的事项，应当即时决定不予受理，并告知申请人向有关行政机关申请。

公司登记机关对通过信函、电报、电传、传真、电子数据交换和电子邮件等方式提出申请的，应当自收到申请文件、材料之日起5日内作出是否受理的决定。

**第五十三条**　除依照本条例第五十四条第一款第（一）项作出准予登记决定的外，公司登记机关决定予以受理的，应当出具《受理通知书》；决定不予受理的，应当出具《不予受理通知书》，说明不予受理的理由，并告知申请人享有依法申请行政复议或者提起行政诉讼的权利。

**第五十四条**　公司登记机关对决定予以受理的登记申请，应当分别情况在规定的期限内作出是否准予登记的决定：

（一）对申请人到公司登记机关提出的申请予以受理的，应当当场作出准予登记的决定。

（二）对申请人通过信函方式提交的申请予以受理的，应当自受理之日起15日内作出准予登记的决定。

（三）通过电报、电传、传真、电子数据交换和电子邮件等方式提交申请的，申请人应当自收到《受理通知书》之日起15日内，提交与电报、电传、传真、电子数据交换和电子邮件等内容一致并符合法定形式的申请文件、材料原件；申请人到公司登记机关提交申请文件、材料原件的，应当当场作出准予登记的决定；申请人通过信函方式提交申请文件、材料原件的，应当自受理之日起15日内作出准予登记的决定。

（四）公司登记机关自发出《受理通知书》之日起60日内，未收到申请文件、材料原件，或者申请文件、材料原件与公司登记机关所受理的申请文件、材料不一致的，应当作出不予登记的决定。

公司登记机关需要对申请文件、材料核实的，应当自受理之日起15日内作出是否准予登记的决定。

**第五十五条**　公司登记机关作出准予公司名称预先核准决定的，应当出具《企业名称预先核准通知书》；作出准予公司设立登记决定的，应当出具《准予设立登记通知书》，告知申请人自决定之日起10日内，领取营业执照；作出准予公司变更登记决定的，应当出具《准予变更登记通知书》，告知申请人自决定之日起10日内，换发营业执照；作出准予公司注销登记决定的，应当出具《准予注销登记通知书》，收缴营业执照。

公司登记机关作出不予名称预先核准、不予登记决定的，应当出具《企业名称驳回通知书》、《登记驳回通知书》，说明不予核准、登记的理由，并告知申请人享有依法申请行政复议或者提起行政诉讼的权利。

**第五十六条**　公司办理设立登记、变更登记，应当按照规定向公司登记机关缴纳登记费。

领取《企业法人营业执照》的，设立登记费按注册资本总额的0.08%缴纳；注册资本超过1000万元的，超过部分按0.04%缴纳；注册资本超过1亿元的，超过部分不再缴纳。

领取《营业执照》的，设立登记费为300元。

变更登记事项的，变更登记费为100元。

**第五十七条**　公司登记机关应当将登记的公司登记事项记载于公司登记簿上，供社会公众查阅、复制。

**第五十八条**　吊销《企业法人营业执照》和《营业执照》的公告由公司登记机关发布。

## 第九章 年度检验

**第五十九条** 每年3月1日至6月30日，公司登记机关对公司进行年度检验。

**第六十条** 公司应当按照公司登记机关的要求，在规定的时间内接受年度检验，并提交年度检验报告书、年度资产负债表和损益表、《企业法人营业执照》副本。

设立分公司的公司在其提交的年度检验材料中，应当明确反映分公司的有关情况，并提交《营业执照》的复印件。

**第六十一条** 公司登记机关应当根据公司提交的年度检验材料，对与公司登记事项有关的情况进行审查。

**第六十二条** 公司应当向公司登记机关缴纳年度检验费。年度检验费为50元。

## 第十章 证照和档案管理

**第六十三条** 《企业法人营业执照》、《营业执照》分为正本和副本，正本和副本具有同等法律效力。

《企业法人营业执照》正本或者《营业执照》正本应当置于公司住所或者分公司营业场所的醒目位置。

公司可以根据业务需要向公司登记机关申请核发营业执照若干副本。

**第六十四条** 任何单位和个人不得伪造、涂改、出租、出借、转让营业执照。

营业执照遗失或者毁坏的，公司应当在公司登记机关指定的报刊上声明作废，申请补领。

公司登记机关依法作出变更登记、注销登记、撤销变更登记决定，公司拒不缴回或者无法缴回营业执照的，由公司登记机关公告营业执照作废。

**第六十五条** 公司登记机关对需要认定的营业执照，可以临时扣留，扣留期限不得超过10天。

**第六十六条** 借阅、抄录、携带、复制公司登记档案资料的，应当按照规定的权限和程序办理。

任何单位和个人不得修改、涂抹、标注、损毁公司登记档案资料。

**第六十七条** 营业执照正本、副本样式以及公司登记的有关重要文书格式或者表式，由国家工商行政管理总局统一制定。

## 第十一章 法律责任

**第六十八条** 虚报注册资本，取得公司登记的，由公司登记机关责令改正，处以虚报注册资本金额5%以上15%以下的罚款；情节严重的，撤销公司登记或者吊销营业执照。

**第六十九条** 提交虚假材料或者采取其他欺诈手段隐瞒重要事实，取得公司登记的，由公司登记机关责令改正，处以5万元以上50万元以下的罚款；情节严重的，撤销公司登记或者吊销营业执照。

**第七十条** 公司的发起人、股东虚假出资，未交付或者未按期交付作为出资的货币或者非货币财产的，由公司登记机关责令改正，处以虚假出资金额5%以上15%以下的罚款。

**第七十一条** 公司的发起人、股东在公司成立后，抽逃出资的，由公司登记机关责令改正，处以所抽逃出资金额5%以上15%以下的罚款。

**第七十二条** 公司成立后无正当理由超过6个月未开业的，或者开业后自行停业连续6个月以上的，可以由公司登记机关吊销营业执照。

**第七十三条** 公司登记事项发生变更时，未依照本条例规定办理有关变更登记的，由公司登记机关责令限期登记；逾期不登记的，处以1万元以上10万元以下的罚款。其中，变更经营范围涉及法律、行政法规或者国务院决定规定须经批准的项目而未取得批准，擅自从事相关经营活动，情节严重的，吊销营业执照。

公司未依照本条例规定办理有关备案的，由公司登记机关责令限期办理；逾期未办理的，处以3万元以下的罚款。

**第七十四条** 公司在合并、分立、减少注册资本或者进行清算时，不按照规定通知或者公告债权人的，由公司登记机关责令改正，处以1万元以上10万元以下的罚款。

公司在进行清算时，隐匿财产，对资产负债表或者财产清单作虚假记载或者在未清偿债务前分配公司财产的，由公司登记机关责令改正，对公司处以隐匿财产或者未清偿债务前分配公司财产金额5%以上10%以下的罚款；对直接负责的主管人员和其他直接责任人员处以1万元以上10万元以下的罚款。

公司在清算期间开展与清算无关的经营活动的，由公司登记机关予以警告，没收违法所得。

**第七十五条** 清算组不按照规定向公司登记机关报送清算报告，或者报送清算报告隐瞒重要事实或者有重大遗漏的，由公司登记机关责令改正。

清算组成员利用职权徇私舞弊、谋取非法收入或者侵占公司财产的，由公司登记机关责令退还公司财产，没收违法所得，并可以处以违法所得1倍以上5倍以下的罚款。

**第七十六条** 公司不按照规定接受年度检验的，由公司登记机关处以1万元以上10万元以下的罚款，并限期接受年度检验；逾期仍不接受年度检验的，吊销营业执照。年度检验中隐瞒真实情况、弄虚作假的，由公司登记机关处以1万元以上5万元以下的罚款，并限期改正；情节严重的，吊销营业执照。

**第七十七条** 伪造、涂改、出租、出借、转让营业执照的，由公司登记机关处以1万元以上10万元以下的罚款；情节严重的，吊销营业执照。

**第七十八条** 未将营业执照置于住所或者营业场所醒目位置的，由公司登记机关责令改正；拒不改正的，处以1000元以上5000元以下的罚款。

**第七十九条** 承担资产评估、验资或者验证的机构提供虚假材料的，由公司登记机关没收违法所得，处以违法所得1倍以上5倍以下的罚款，并可以由有关主管部门依法责令该机构停业、吊销直接责任人员的资格证书，吊销营业执照。

承担资产评估、验资或者验证的机构因过失提供有重大遗漏的报告的，由公司登记机关责令改正，情节较重的，处以所得收入1倍以上5倍以下的罚款，并可以由有关主管部门依法责令该机构停业、吊销直接责任人员的资格证书，吊销营业执照。

**第八十条** 未依法登记为有限责任公司或者股份有限公司，而冒用有限责任公司或者股份有限公司名义的，或者未依法登记为有限责任公司或者股份有限公司的分公司，而冒用有限责任公司或者股份有限公司的分公司名义的，由公司登记机关责令改正或者予以取缔，可以并处10万元以下的罚款。

**第八十一条** 公司登记机关对不符合规定条件的公司登记申请予以登记，或者对符合规定条件的登记申请不予登记的，对直接负责的主管人员和其他直接责任人员，依法给予行政处分。

**第八十二条** 公司登记机关的上级部门强令公司登记机关对不符合规定条件的登记申请予以登记，或者对符合规定条件的登记申请不予登记的，或者对违法登记进行包庇的，对直接负责的主管人员和其他直接责任人员依法给予行政处分。

**第八十三条** 外国公司违反《公司法》规定，擅自在中国境内设立分支机构的，由公司登记机关责令改正或者关闭，可以并处5万元以上20万元以下的罚款。

**第八十四条** 利用公司名义从事危害国家安全、社会公共利益的严重违法行为的，吊销营业执照。

**第八十五条** 分公司有本章规定的违法行为的，适用本章规定。

**第八十六条** 违反本条例规定，构成犯罪的，依法追究刑事责任。

### 第十二章 附　　则

**第八十七条** 外商投资的公司的登记适用本条例。有关外商投资企业的法律对其登记另有规定的，适用其规定。

**第八十八条** 法律、行政法规或者国务院决定规定设立公司必须报经批准，或者公司经营范围中属于法律、行政法规或者国务院决定规定在登记前须经批准的项目的，由国家工商行政管理总局依照法律、行政法规或者国务院决定规定编制企业登记前置行政许可目录并公布。

**第八十九条** 本条例自1994年7月1日起施行。

## 中华人民共和国中小企业法

2002年6月29日第九届全国人民代表大会常务委员会第二十八次会议通过。

**目　录**



### 第一章 总　　则

**第一条** 为了改善中小企业经营环境，促进中小企业健康发展，扩大城乡就业，发挥中小企业在国民经济和社会发展中的重要作用，制定本法。

**第二条** 本法所称中小企业，是指在中华人民共和国境内依法设立的有利于满足社会需要，增加就业，符合国家产业政策，生产经营规模属于中小型的各种所有制和各种形式的企业。

中小企业的划分标准由国务院负责企业工作的部门根据企业职工人数、销售额、资产总额等指标，结合行业特点制定，报国务院批准。

**第三条** 国家对中小企业实行积极扶持、加强引导、完善服务、依法规范、保障权益的方针，为中小企业创立和发展创造有利的环境。

**第四条** 国务院负责制定中小企业政策，对全国中小企业的发展进行统筹规划。

国务院负责企业工作的部门组织实施国家中小企业政策和规划，对全国中小企业工作进行综合协调、指导和服务。

国务院有关部门根据国家中小企业政策和统筹规划，在各自职责范围内对中小企业工作进行指导和服务。

县级以上地方各级人民政府及其所属的负责企业工作的部门和其他有关部门在各自职责范围内对本行政区域内的中小企业进行指导和服务。

**第五条** 国务院负责企业工作的部门根据国家产业政策，结合中小企业特点和发展状况，以制定中小企业发展产业指导目录等方式，确定扶持重点，引导鼓励中小企业发展。

**第六条** 国家保护中小企业及其出资人的合法投资，及因投资取得的合法收益。任何单位和个人不得侵犯中小企业财产及其合法收益。

任何单位不得违反法律、法规向中小企业收费和罚款，不得向中小企业摊派财物。中小企业对违反上述规定的行为有权拒绝和有权举报、控告。

**第七条** 行政管理部门应当维护中小企业的合法权益，保护其依法参与公平竞争与公平交易的权利，不得歧视，不得附加不平等的交易条件。

**第八条** 中小企业必须遵守国家劳动安全、职业卫生、社会保障、资源环保、质量、财政税收、金融等方面的法律、法规，依法经营管理，不得侵害职工合法权益，不得损害社会公共利益。

**第九条** 中小企业应当遵守职业道德，恪守诚实信用原则，努力提高业务水平，增强自我发展能力。

## 第二章 资金支持

**第十条** 中央财政预算应当设立中小企业科目，安排扶持中小企业发展专项资金。

地方人民政府应当根据实际情况为中小企业提供财政支持。

**第十一条** 国家扶持中小企业发展专项资金用于促进中小企业服务体系建设，开展支持中小企业的工作，补充中小企业发展基金和扶持中小企业发展的其他事项。

**第十二条** 国家设立中小企业发展基金。中小企业发展基金由下列资金组成：

（一）中央财政预算安排的扶持中小企业发展专项资金；

（二）基金收益；

（三）捐赠；

（四）其他资金。

国家通过税收政策，鼓励对中小企业发展基金的捐赠。

**第十三条** 国家中小企业发展基金用于下列扶持中小企业的事项：

（一）创业辅导和服务；

（二）支持建立中小企业信用担保体系；

（三）支持技术创新；

（四）鼓励专业化发展以及与大企业的协作配套；

（五）支持中小企业服务机构开展人员培训、信息咨询等项工作；

（六）支持中小企业开拓国际市场；

（七）支持中小企业实施清洁生产；

（八）其他事项。

中小企业发展基金的设立和使用管理办法由国务院另行规定。

**第十四条** 中国人民银行应当加强信贷政策指导，改善中小企业融资环境。

中国人民银行应当加强对中小金融机构的支持力度，鼓励商业银行调整信贷结构，加大对中小企业的信贷支持。

**第十五条** 各金融机构应当对中小企业提供金融支持，努力改进金融服务，转变服务作风，增强服务意识，提高服务质量。

各商业银行和信用社应当改善信贷管理，扩展服务领域，开发适应中小企业发展的金融产品，调整信贷结构，为中小企业提供信贷、结算、财务咨询、投资管理等方面的服务。

国家政策性金融机构应当在其业务经营范围内，采取多种形式，为中小企业提供金融服务。

**第十六条** 国家采取措施拓宽中小企业的直接融资渠道，积极引导中小企业创造条件，通过法律、行政法规允许的各种方式直接融资。

**第十七条** 国家通过税收政策鼓励各类依法设立的风险投资机构增加对中小企业的投资。

**第十八条** 国家推进中小企业信用制度建设，建立信用信息征集与评价体系，实现中小企业信用信息查询、交流和共享的社会化。

**第十九条** 县级以上人民政府和有关部门应当推进和组织建立中小企业信用担保体系，推动对中小企业的信用担保，为中小企业融资创造条件。

中小企业信用担保管理办法由国务院另行规定。

**第二十条** 国家鼓励各种担保机构为中小企业提供信用担保。

**第二十一条** 国家鼓励中小企业依法开展多种形式的互助性融资担保。

## 第三章 创业扶持

**第二十二条** 政府有关部门应当积极创造条件，提供必要的、相应的信息和咨询服务，在城乡建设规划中根据中小企业发展的需要，合理安排必要的场地和设施，支持创办中小企业。

失业人员、残疾人员创办中小企业的，所在地政府应当积极扶持，提供便利，加强指导。

政府有关部门应当采取措施，拓宽渠道，引导中小企业吸纳大中专学校毕业生就业。

**第二十三条** 国家在有关税收政策上支持和鼓励中小企业的创立和发展。

**第二十四条** 国家对失业人员创立的中小企业和当年吸纳失业人员达到国家规定比例

的中小企业，符合国家支持和鼓励发展政策的高新技术中小企业，在少数民族地区、贫困地区创办的中小企业，安置残疾人员达到国家规定比例的中小企业，在一定期限内减征、免征所得税，实行税收优惠。

**第二十五条**　地方人民政府应当根据实际情况，为创业人员提供工商、财税、融资、劳动用工、社会保障等方面的政策咨询和信息服务。

**第二十六条**　企业登记机关应当依法定条件和法定程序办理中小企业设立登记手续，提高工作效率，方便登记者。不得在法律、行政法规规定之外设置企业登记的前置条件；不得在法律、行政法规规定的收费项目和收费标准之外，收取其他费用。

**第二十七条**　国家鼓励中小企业根据国家利用外资政策，引进国外资金、先进技术和管理经验，创办中外合资经营、中外合作经营企业。

**第二十八条**　国家鼓励个人或者法人依法以工业产权或者非专利技术等投资参与创办中小企业。

## 第四章　技 术 创 新

**第二十九条**　国家制定政策，鼓励中小企业按照市场需要，开发新产品，采用先进的技术、生产工艺和设备，提高产品质量，实现技术进步。

中小企业技术创新项目以及为大企业产品配套的技术改造项目，可以享受贷款贴息政策。

**第三十条**　政府有关部门应当在规划、用地、财政等方面提供政策支持，推进建立各类技术服务机构，建立生产力促进中心和科技企业孵化基地，为中小企业提供技术信息、技术咨询和技术转让服务，为中小企业产品研制、技术开发提供服务，促进科技成果转化，实现企业技术、产品升级。

**第三十一条**　国家鼓励中小企业与研究机构、大专院校开展技术合作、开发与交流，促进科技成果产业化，积极发展科技型中小企业。

## 第五章　市 场 开 拓

**第三十二条**　国家鼓励和支持大企业与中小企业建立以市场配置资源为基础的、稳定的原材料供应、生产、销售、技术开发和技术改造等方面的协作关系，带动和促进中小企业发展。

**第三十三条**　国家引导、推动并规范中小企业通过合并、收购等方式，进行资产重组，优化资源配置。

**第三十四条**　政府采购应当优先安排向中小企业购买商品或者服务。

**第三十五条**　政府有关部门和机构应当为中小企业提供指导和帮助，促进中小企业产品出口，推动对外经济技术合作与交流。

国家有关政策性金融机构应当通过开展进出口信贷、出口信用保险等业务，支持中小企业开拓国外市场。

**第三十六条**　国家制定政策，鼓励符合条件的中小企业到境外投资，参与国际贸易，开拓国际市场。

**第三十七条**　国家鼓励中小企业服务机构举办中小企业产品展览展销和信息咨询活动。

## 第六章　社会服务

**第三十八条**　国家鼓励社会各方面力量，建立健全中小企业服务体系，为中小企业提供服务。

**第三十九条**　政府根据实际需要扶持建立的中小企业服务机构，应当为中小企业提供优质服务。

中小企业服务机构应当充分利用计算机网络等先进技术手段，逐步建立健全向全社会开放的信息服务系统。

中小企业服务机构联系和引导各类社会中介机构为中小企业提供服务。

**第四十条**　国家鼓励各类社会中介机构为中小企业提供创业辅导、企业诊断、信息咨询、市场营销、投资融资、贷款担保、产权交易、技术支持、人才引进、人员培训、对外合作、展览展销和法律咨询等服务。

**第四十一条**　国家鼓励有关机构、大专院校培训中小企业经营管理及生产技术等方面的人员，提高中小企业营销、管理和技术水平。

**第四十二条**　行业的自律性组织应当积极为中小企业服务。

**第四十三条**　中小企业自我约束、自我服务的自律性组织，应当维护中小企业的合法权益，反映中小企业的建议和要求，为中小企业开拓市场、提高经营管理能力提供服务。

## 第七章　附　　则

**第四十四条**　省、自治区、直辖市可以根据本地区中小企业的情况，制定有关的实施办法。

**第四十五条**　本法自2003年1月1日起施行。

# 教育部关于大力推进高等学校创新创业教育和大学生自主创业工作的意见

教办〔2010〕3号

各省、自治区、直辖市教育厅（教委），部属各高等学校，各国家大学科技园：

党的十七大提出“提高自主创新能力，建设创新型国家”和“促进以创业带动就业”的发展战略。大学生是最具创新、创业潜力的群体之一。在高等学校开展创新创业教育，积极鼓励高校学生自主创业，是教育系统深入学习实践科学发展观，服务于创新型国家建设的重大战略举措；是深化高等教育教学改革，培养学生创新精神和实践能力的重要途径；是落实以创业带动就业，促进高校毕业生充分就业的重要措施。为统筹做好高校创新创业教育、创业基地建设和促进大学生自主创业工作，现提出以下意见：

## 一、大力推进高等学校创新创业教育工作

1. 创新创业教育是适应经济社会和国家发展战略需要而产生的一种教学理念与模式。在高等学校中大力推进创新创业教育，对于促进高等教育科学发展，深化教育教学改革，提高人才培养质量具有重大的现实意义和长远的战略意义。创新创业教育要面向全体学生，融入人才培养全过程。要在专业教育基础上，以转变教育思想、更新教育观念为先

导，以提升学生的社会责任感、创新精神、创业意识和创业能力为核心，以改革人才培养模式和课程体系为重点，大力推进高等学校创新创业教育工作，不断提高人才培养质量。

2. 加强创新创业教育课程体系建设。把创新创业教育有效纳入专业教育和文化素质教育教学计划和学分体系，建立多层次、立体化的创新创业教育课程体系。突出专业特色，创新创业类课程的设置要与专业课程体系有机融合，创新创业实践活动要与专业实践教学有效衔接，积极推进人才培养模式、教学内容和课程体系改革。加强创新创业教育教材建设，借鉴国外成功经验，编写适用和有特色的高质量教材。

3. 加强创新创业师资队伍建设。引导各专业教师、就业指导教师积极开展创新创业教育方面的理论和案例研究，不断提高在专业教育、就业指导课中进行创新创业教育的意识和能力。支持教师到企业挂职锻炼，鼓励教师参与社会行业的创新创业实践。积极从社会各界聘请企业家、创业成功人士、专家学者等作为兼职教师，建立一支专兼结合的高素质创新创业教育教师队伍。高校要从教学考核、职称评定、培训培养、经费支持等方面给予倾斜支持。定期组织教师培训、实训和交流，不断提高教师教学研究与指导学生创新创业实践的水平。鼓励有条件的高校建立创新创业教育教研室或相应的研究机构。

4. 广泛开展创新创业实践活动。高等学校要把创新创业实践作为创新创业教育的重要延伸，通过举办创新创业大赛、讲座、论坛、模拟实践等方式，丰富学生的创新创业知识和体验，提升学生的创新精神和创业能力。省级教育行政部门和高校要将创新创业教育和实践活动成果有机结合，积极创造条件对创新创业活动中涌现的优秀创业项目进行孵化，切实扶持一批大学生实现自主创业。

5. 建立质量检测跟踪体系。省级教育行政部门和高等学校要建立创新创业教育教学质量监控系统。要建立在校和离校学生创业信息跟踪系统，收集反馈信息，建立数据库，把未来创业成功率和创业质量作为评价创新创业教育的重要指标，反馈指导高等学校的创新创业教育教学，建立有利于创新创业人才脱颖而出的教育体系。

6. 加强理论研究和经验交流。教育部成立高校创业教育指导委员会，开展高校创新创业教育的研究、咨询、指导和服务。省级教育行政部门和高等学校要加强对国内外创新创业教育理论研究，组织编写高校创新创业教育先进经验材料汇编和大学生创业成功案例集。省级教育行政部门应定期组织创新创业教育经验交流会、座谈会、调研活动，总结交流创新创业教育经验，推广创新创业教育优秀成果。逐步探索建立中国特色的创新创业教育理论体系，形成符合实际、切实可行的创新创业教育发展思路，指导创新创业教育教学改革发展。

## 二、加强创业基地建设，打造全方位创业支撑平台

7. 全面建设创业基地。教育部会同科技部，以国家大学科技园为主要依托，重点建设一批“高校学生科技创业实习基地”，并制定出台相关认定办法。省级教育行政部门要结合本地实际，通过多种形式建立省级大学生创业实习和孵化基地；同时要积极争取有关部门支持，推动本地区有关地市、高等学校、大学科技园建立大学生创业实习或孵化基地，并按其类别、规模和孵化效果，给予大力支持，充分发挥基地的辐射示范作用。

8. 明确创业基地功能定位。大学生创业实习或孵化基地是高等学校开展创新创业教育、促进学生自主创业的重要实践平台，主要任务是整合各方优势资源，开展创业指导和

培训，接纳大学生实习实训，提供创业项目孵化的软硬件支持，为大学生创业提供支撑和服务，促进大学生创业就业。

9. 规范创业基地管理。大学科技园作为“高校学生科技创业实习基地”的建设主体，要把基地建设作为园区建设的重要内容，确定专门的管理部门负责基地的建设和管理；加强与依托学校和有关部门的联动，共同开展大学生实习实训和创业实践。有关高等学校要高度重视大学科技园在创新创业人才培养中的作用，出台有利于大学科技园开展学生创业工作的政策措施和激励机制。

10. 提供多种形式的创业扶持。大学生创业实习或孵化基地要结合实际，为大学生创业提供场地、资金、实训等多方面的支持。要开辟较为集中的大学生创业专用场地，配备必要的公共设备和设施，为大学生创业企业提供至少 12 个月的房租减免。要提供法律、工商、税务、财务、人事代理、管理咨询、项目推荐、项目融资等方面的创业咨询和服务，以及多种形式的资金支持；要为大学生开展创业培训、实训；建立公共信息服务平台，发布相关政策、创业项目和创业实训等信息。

**三、进一步落实和完善大学生自主创业扶持政策，加强创业指导和服务工作**

11. 切实落实创业扶持政策。省级教育行政部门要按人力资源和社会保障部、教育部等《关于实施“2010 高校毕业生就业推进行动”大力促进高校毕业生就业的通知》（人社部发〔2010〕25 号）要求，与有关部门密切配合，共同组织实施“创业引领计划”，并切实落实以下政策：对高校毕业生初创企业，可按照行业特点，合理设置资金、人员等准入条件，并允许注册资金分期到位。允许高校毕业生按照法律法规规定的条件、程序和合同约定将家庭住所、租借房、临时商业用房等作为创业经营场所。对应届及毕业 2 年以内的高校毕业生从事个体经营的，自其在工商部门首次注册登记之日起 3 年内，免收登记类和证照类等有关行政事业性收费；登记求职的高校毕业生从事个体经营，自筹资金不足的，可按规定申请小额担保贷款，从事微利项目的，可按规定享受贴息扶持；对合伙经营和组织起来就业的，贷款规模可适当扩大。完善整合就业税收优惠政策，鼓励高校毕业生自主创业。

12. 积极争取资金投入。省级教育行政部门要与有关部门协调配合，积极争取当地政府和社会支持，通过财政和社会两条渠道设立“高校毕业生创业资金”、“天使基金”等资助项目，重点扶持大学生创业。要建立健全创业投资机制，鼓励吸引外资和国内社会资本投资大学生创业企业。

13. 积极开展创业培训。省级教育行政部门要积极配合有关部门，对有创业愿望并具备一定创业条件的高校学生，普遍开展创业培训。要积极整合各方面资源，把成熟的创业培训项目引入高校，并探索、开发适合我国大学生创业的培训项目。同时，高等学校要加强对在校生的创业风险意识教育，帮助学生了解创业过程中可能遇到的困难和问题，不断提高防范和规避风险的意识和能力。

14. 全面加强创业信息服务。省级教育行政部门和高等学校要加大服务力度，拓展服务内涵，充分利用现有就业指导服务平台，特别是就业信息服务平台，广泛收集创业项目和创业信息，开展创业测评、创业模拟、咨询帮扶，有条件的要抓紧设立创业咨询室，开展“一对一”的创业指导和咨询，增强创业服务的针对性和有效性。

15. 高等学校要出台促进在校学生自主创业的政策和措施。高校可通过多种渠道筹集资金，普遍设立大学生创业扶持资金；依托大学科技园、创业基地、各种科研平台以及其他科技园区等为学生提供创业场地。同时，有条件的高校要结合学科专业和科研项目的特点，积极促进教师和学生的科研成果、科技发明、专利等转化为创业项目。

## 四、加强领导，形成推进高校创业教育和大学生自主创业的工作合力

16. 省级教育行政部门要把促进高校创新创业教育和大学生自主创业工作摆在突出重要位置。要积极争取有关部门支持，创造性地开展工作，因地制宜地出台并切实落实鼓励大学生创业的政策措施。要加大对高校创新创业教育、创业基地建设的投入力度，在经费、项目和基金等方面给予倾斜。有条件的地区可设立针对大学生的创业实践项目，为大学生创业实践活动提供小额经费支持。根据工作需要，可评选创新创业教育示范校、创业示范基地。

17. 高等学校要把创新创业教育和大学生自主创业工作纳入学校重要议事日程。要理顺领导体制，建立健全教学、就业、科研、团委、大学科技园等部门参加的创新创业教育和自主创业工作协调机制。统筹创新创业教育、创业基地建设、创业政策扶持和创业指导服务等工作，明确分工，切实加大人员、场地、经费投入，形成长效机制。

18. 营造鼓励创新创业的良好舆论氛围。省级教育行政部门和高等学校要广泛开展创新创业教育和大学生自主创业的宣传，通过报刊、广播、电视、网络等媒体，积极宣传国家和地方促进创业的政策、措施，宣传各地和高校推动创新创业教育和促进大学生创业工作的新举措、新成效，宣传毕业生自主创业的先进典型。通过组织大学生创业事迹报告团等形式多样的活动，激发学生的创业热情，引导学生树立科学的创业观、就业观、成才观。

教　育　部<br>二〇一〇年五月五日

# 附录二　相关文献资料


[1] 周三多．管理学［M］．北京：高等教育出版社，2000.

[2] 单凤儒．管理学基础实训教程［M］．北京：高等教育出版社，2005.

[3] 苗长川．现代企业经营管理［M］．北京：清华大学出版社，2007.

[4] 常建坤．创业教程［M］．北京：清华大学出版社，2006.

[5] 周占文．人力资源管理［M］．北京：电子工业出版社，2002.

[6] 陈心德．生产运营管理［M］．北京：清华大学出版社，2005.

[7] 斯科特·A. 沙恩．寻找创业沃土［M］．奚玉芹，金永红，译．北京：中国人民大学出版社，2005.

[8]〔美〕理查德·吕克．管理创造力与创新［M］．陈大为，姜范，译．北京：机械工业出版社，2005.

[9]〔加〕包铭心，肯特·纽珀特．〔中〕吕巍．国际创业研究案例［M］．吴彬，译．北京：机械工业出版社，2002.

[10]〔美〕海蒂·梅森，蒂姆·罗纳．公司创新的新模式［M］．苗莉，赵建国，等译．北京：中国人民大学出版社，2005.

[11]〔美〕马丁·J. 格伦德．成功企业家的9大素质［M］．北京：中信出版社，2004.

[12] 刘常勇．创业管理的12堂课［M］．北京：中信出版社，2002.

[13] 曹随，王燕梅．中国大众创业学［M］．北京：中国经济出版社，2004.

[14] 郜振廷，刘志昆，等．企业创新策划新思维［M］．北京：中国经济出版社，1999.

[15] 王国红．创业管理［M］．大连：大连理工大学出版社，2005.

[16] 刘志成．中外创业案例与分析［M］．西安：陕西人民出版社，2002.

[17] 陈冠任．个人创办私营公司全过程操作［M］．北京：中国工人出版社，2002.

[18] 方新．创业与创新［M］．北京：中国人民大学出版社，1998.

[19] 后东升．36家跨国公司的创业之父［M］．北京：中国水利水电出版社，2006.

[20] 卢旭东．创业学概论［M］．杭州：浙江大学出版社，2002.

[21] 李时椿．大学生创业与高等院校创业教育［M］．北京：国防工业出版社，2004.

[22] 张竹筠．创业实务指南［M］．北京：北京航空航天大学出版社，2003.

[23] 陈冠任，肖万春．个人创办私营公司全过程操作［M］．北京：中国工人出版社，2002.

[24] 郑冉冉．成功创业研究［M］．上海：上海三联书店，2005.

[25] 于淼．应多措并举扶持大学生创业［N］．齐齐哈尔日报，2011.

[26] 焦新．大学毕业生创业每年减免税收8000元［N］．中国教育报，2011.

[27] 解琳．高校毕业生：如何突围创业困局［N］．大连日报，2011.

[28] 饶远，赵敏敏，李世萍．大学生创业理论与实践［M］．昆明：云南大学出版社，2008.

[39] 张天桥，侯全生，李朝晖．大学生创业第一步［M］．北京：清华大学出版社，2008.

[30] 李淑珍，李建伟．创业之初［M］．北京：中国纺织出版社，2009.

[31] 全球模拟公司联合体中国中心组编．创业实训手册［M］．北京：中国劳动社会保障出版社．

# 附录三　相关网络信息

[1] 中国劳动咨询网（江苏站）http://www. 51labour. com/
[2] 中国创业网 http://www. cg01. cn/
[3] 大学生创业网 http://www. studentboss. com/
[4] 中国青年创业网 http://www. qncy. com. cn/index. html
[5] 中小企业网 http://www. qiye. gov. cn/
[6] 中国青年就业创业网 http://carrier. youth. cn/
[7] 全国大学生创业服务网 http://cy. ncss. org. cn/
[8] 全球模拟公司联合体中国中心创业实训网 http://www. chinapen. org/index. shtml
[9] 中国大学生网 http://www. chinaue. com/
[10] 创业中国 http://www. icycn. com/
[11] 武汉大学生创业网 http://www. 027uc. com/
[12] 中国高等教育学生信息网 http://job. chsi. com. cn/
[13] 中国国家人才网 http://www. newjobs. com. cn/
[14] 企业文化网 http://www. 7158. com. cn/
[15] 中国企业文化网 http://www. ce－c. com/
[16] 江苏毕业生就业网 http://www. jsbys. com. cn
[17] 江苏省大学生创业教育网 http://www. 3idea. cn/top. html
[18] 江苏省高校毕业生就业网络联盟 http://www. 91job. gov. cn
[19] 苏州创业网 http://suzhou. edeng. cn/33/chuangyewang/
[20] 北京创业网 http://beijing. edeng. cn/33/chuangyewang/
[21] 上海创业网 http://shanghai. edeng. cn/33/chuangyewang/
[22] 深圳创业网 http://shenzhen. edeng. cn/33/chuangyewang/
[23] 苏州高校网创业频道 http://www. 8654. cn/chuangye/＃
[24] 金阊创业网 http://www. jinchang. gov. cn/jccyweb/
[25] 创业联盟 http://www. asd188. cn/
[26] 苏州市职业培训指导中心 http://www. szzpzx. com/home. html